Don Gosset
Com E. W. Kenyon

Há Poder em DECLARAR A Palavra de DEUS

Atos

Bibliotecária responsável: Maria Aparecida Costa Duarte CRB/6-1047

G679   Don, Gossett
Há poder em declarar a Palavra de Deus / Don Gossett e E. W. Kenyon; tradução de Noemi Valéria Altoé da Silva. Belo Horizonte: Editora Atos, 2008.

160 p.
Título original: The Power Of The Your Words
ISBN: 978-85-7607-088-7

1. Palavra de Deus   2. Confissão   I. Kenyon, E. W.
II. Título.

CDU: 230.112   CDD: 234.2

Copyright © 1977, 1981 by Don and Joyce Gossett

Copyright © 2008 por Editora Atos

Revisão
Walkyria Freitas

Capa
Leandro Schuques

1ª edição – Dezembro de 2008
Reimpressão – Setembro de 2010
2ª edição – Agosto de 2015
3ª edição – Abril de 2024

Nenhuma parte deste livro pode ser reproduzida, arquivada ou transmitida por qualquer meio – eletrônico, mecânico, fotocópias, etc. – sem a devida permissão dos editores, podendo ser usada apenas para citações breves.

Publicado com a devida autorização e com todos os direitos reservados pela EDITORA ATOS LTDA.

www.editoraatos.com.br

SUMÁRIO

Introdução 5
1. Declarações certas e erradas.. 9
2. Eu possuo o que declaro 17
3. Uma declaração negativa... 19
4. A confissão antecede a posse 21
5. A nossa declaração 23
6. Possuo o que declaro 25
7. O lugar que a declaração ocupa................................. 27
8. Eu reconheço 29
9. As duas declarações 31
10. "Afirme categoricamente essas coisas." – Tito 3.8 33
11. Nossa conversa 35
12. Seja o edificador de sua fé 37
13. A declaração de fé 41
14. Andar com Deus é concordar com Ele 43
15. A realização acompanha a declaração 45
16. Não diga: "Não sou capaz", quando Deus diz:
    "Você é capaz" 51
17. O valor da declaração.. 53
18. O que eu não sou 65
19. Declaração errada 67
20. O que você é capaz de fazer 69
21. O que eu declaro, possuo 71
22. O bem que tenho em Cristo 77
23. Alguns fatos sobre afirmações 79
24. Palavras que operam maravilhas 85
25. O valor da declaração.. 87
26. Você é uma pessoa de fé 89

27. As duas declarações 93
28. Estou doente e cansado de estar doente e cansado 101
29. O poder de nossas palavras 105
30. "As palavras certas são impetuosas" 109
31. O valor da declaração positiva 111
32. "O Senhor é a força da minha vida" 115
33. Pelas suas feridas fui curado 117
34. Tenha uma fé robusta 119
35. Palavras ao seu serviço 123
36. Nunca estou acima da minha declaração 125
37. As palavras do Pai nos lábios de Jesus 127
38. Fale para ser 129
39. Nunca seja negativo 133
40. Quando eu não sinto 137
41. "Você é de Deus" 139
42. Minha lista dos "Nunca Mais" 141
43. "Houve um homem enviado por Deus" 147
44. O construtor da fé 149
45. O ministério do dr. E. W. Kenyon 151
46. Meu pai, dr. E. W. Kenyon 153
47. Don Gossett: na perspectiva de sua filha 155

INTRODUÇÃO

Por muito tempo estive confuso a respeito do fato que, na minha própria vida e na vida de outras pessoas, havia uma permanente sensação de derrota e fracasso.

Eu orava pelos enfermos. Sabia que a Bíblia é a verdade e buscava diligentemente identificar a falha.

Um dia, vi em Hebreus 4.14 que temos de nos apegar com firmeza à nossa *confissão*. No capítulo 3 de Hebreus, descobri que o cristianismo é chamado "a grande confissão".

Então, me perguntei: "A que confissão devo me apegar?".

Devo me apegar à minha confissão da inerrância absoluta da Bíblia.

Devo me apegar à confissão da obra redentora de Cristo.

Devo me apegar à minha confissão da nova criação, de receber a vida e a natureza de Deus.

Devo me apegar à confissão de que Deus é a força da minha vida.

Devo me apegar à confissão de que "Certamente ele tomou sobre si as minhas enfermidades, e levou as minhas doenças e de que, pelas suas pisaduras fui sarado".

Foi muito difícil me apegar com firmeza à confissão de cura plena enquanto eu sentia dores pelo meu corpo.

Acabei por descobrir que estivera fazendo duas declarações. Eu confessava a veracidade absoluta da Palavra de Deus, mas, ao mesmo tempo, declarava que não estava curado.

Se você me perguntasse: "Você crê que pelas suas pisaduras você foi sarado?", eu teria respondido: "Sim, eu creio". Logo em seguida, porém, eu teria dito: "Mas a dor ainda está aqui". A segunda declaração anulava a primeira.

Na verdade, eu tinha duas declarações: a primeira, de minha cura plena e redenção em Cristo, e a segunda, que a redenção e a cura não eram um fato.

Então aconteceu a grande batalha que conquistou o domínio de minha declaração, quando aprendi a ter uma única confissão.

Se eu declaro que "o meu Deus suprirá todas as minhas necessidades", não devo anular essa confissão dizendo: "Sim, Deus supre minhas necessidades, mas não consigo pagar o aluguel, não consigo pagar a conta telefônica".

A fé retém firme a declaração da Palavra. O conhecimento dos sentidos retém firme a confissão das evidências físicas. Se eu aceitar a evidência física contra a Palavra de Deus, anulo a Palavra no que me diz respeito.

Mas eu me apego com firmeza à minha confissão de que a Palavra de Deus é a verdade, de que por suas feridas fui sarado, de que meu Deus supre minhas necessidades. Retenho firme essa declaração em face de aparentes contradições, e Ele é fiel para operar o bem.

Muitos crentes fracassam quando surgem as dificuldades porque perdem sua confissão. Enquanto o sol brilha, a confissão é vigorosa, forte e límpida. Mas quando veem as tempestades, as provas, e quando o adversário obtém vantagem sobre eles, desistem de seu testemunho.

Toda vez que você declara doença, fraqueza e fracasso, engrandece o adversário acima do Pai e destrói sua confiança na Palavra.

Você deve apegar-se com firmeza à sua confissão, mesmo em face de aparente derrota. Você deve estudar a Palavra até conhecer quais são seus direitos e, então, retê-los firmemente.

Alguns fazem declarações sem qualquer fundamento. Então, o adversário os surra e açoita terrivelmente.

Você deve descobrir quais são seus direitos. Por exemplo, você sabe que Ele diz: "Certamente, ele tomou sobre si as nossas enfermidades, e levou as nossas doenças". Agora você pode fazer sua confissão.

"Mas em todas essas coisas, somos mais que vencedores." Aqui você pode fazer sua declaração.

"Maior é aquele que está em mim do que o que está no mundo". Você pode fazer sua declaração aqui.

Permaneça em sua confissão em meio às dificuldades; em tempos de bonança e de tempestade. Você sabe que ela está de acordo com a Palavra.

Apocalipse 12.11 diz: "Eles o venceram pelo sangue do Cordeiro e pela palavra do testemunho que deram".

E. W. Kenyon

1

DECLARAÇÕES CERTAS E ERRADAS

São poucos os cristãos que perceberam o lugar da confissão no funcionamento das coisas. Sempre que a palavra "confissão" é usada, instintivamente pensamos em confissão de pecados, fraquezas e falhas. Esse é o lado negativo dessa questão.

O cristianismo é chamado de "a grande confissão". Confessar é declarar algo em que cremos. É testificar de algo que sabemos. É testemunhar em prol da verdade que abraçamos. A declaração desempenha um papel muito importante para os cristãos.

Jesus planejou que sua grande vida e amor fossem concedidos ao mundo por meio do testemunho, isto é, por meio da declaração de nossos lábios. Testificadores, testemunhas e confessores têm sido os grandes líderes na revolucionária vida que Jesus apresentou ao mundo. O maior problema que enfrentamos, então, é saber o que devemos declarar.

Nossa confissão está centrada em diversas coisas. Primeiro, no que Deus, em Cristo, operou por nós. Segundo, o que Deus, por meio da Palavra e do Espírito, operou em nós. Terceiro, o que somos para o Pai em Cristo. E último, o que Deus pode fazer por meio de nós ou o que a Palavra fará em nossos lábios.

Você não pode declarar ou testemunhar coisas que não conhece. Em um tribunal, o que conta é o que você viu ou ouviu. O que conhece pessoalmente de Jesus Cristo e quem você é em Cristo é o que conta. Quão poucos de nós ousam confessar ao mundo o que a Palavra declara que somos em Cristo! Veja este texto da Escritura: "Portanto, se alguém está em Cristo, é nova criação" (2Co 5.17). Que revolução seria se a igreja fizesse uma declaração como essa! Os crentes não são meros pecadores justificados – pobres, fracos, vacilantes, pecadores, membros de igreja. Eles são novas criaturas, criados em Cristo Jesus, com a vida de Deus, a natureza de Deus e a capacidade de Deus em si.

Que agitação haveria na igreja moderna se você declarasse que é plenamente redimido. Efésios 1.7-8 fala: "Nele temos a redenção por meio de seu sangue, o perdão dos pecados, de acordo com as riquezas da graça de Deus, a qual ele derramou sobre nós com toda a sabedoria e entendimento".

Isso quer dizer que o domínio de Satanás foi destruído, que ele perdeu o poder sobre a sua vida no momento em que você se tornou uma nova criatura. Você recebeu um novo Senhor, Jesus Cristo, para reinar sobre você. O domínio de Satanás terminou e o de Jesus começou. A doença e a enfermidade não dominam mais sua vida. Os hábitos antigos não dominam mais sua vida. Você é uma nova criatura, criada em Cristo.

Que agitação seria se Isaías 41.10 se tornasse uma realidade: "Por isso não tema, pois estou com você; não tenha medo, pois sou o seu Deus. Eu o fortalecerei e o ajudarei; eu o segurarei com a minha mão direita vitoriosa".

"Se Deus é por nós, quem será contra nós?" Essa é a declaração mais revolucionária de todas! Ela é sua confissão à medida que você enfrenta o mundo. "Deus está comigo neste dia".

Em 1João 4.4 lemos: "Filhinhos, vocês são de Deus e os venceram, porque aquele que está em vocês é maior do que aquele que está no mundo". Você declara destemidamente: "Deus está em mim agora; o Senhor da criação está em mim!". Que confissão maravilhosa!

Você enfrenta a vida corajosamente. Sabe agora que maior é o que está em você do que todas as forças que podem ser arregimentadas contra você. Está diante de contas que não consegue pagar. Está encarando inimigos os quais não consegue derrotar, mas ainda assim, você os enfrenta corajosamente.

Você diz com triunfo: "Preparas um banquete para mim à vista dos meus inimigos. Tu me honras, ungindo a minha cabeça com óleo e fazendo transbordar o meu cálice" (Sl 23.5). Estou cheio de alegria e vitória porque Deus assumiu o comando; Ele está lutando as minhas batalhas.

Não estou com medo das circunstâncias porque "tudo posso naquele que me fortalece" (Fp 4.13). Ele não somente é a minha força, mas está à minha destra. Ele é a minha salvação; a quem temerei? Ele lança luz sobre os problemas da vida para que eu possa agir com inteligência. Ele é a minha salvação, o meu livramento de toda armadilha que o inimigo prepara para mim, de todo laço em que quer me enredar. "O Senhor é o meu forte refúgio; de quem terei medo?" (Sl 27.1). Não tenho medo de nada. Não tenho medo porque esse Deus onipotente está do meu lado. Essa é minha confissão contínua.

Declaro que tenho a redenção que Deus planejou e operou em Cristo. Sou uma nova criatura da qual Ele, o próprio Deus, é o Autor e o Consumador.

Tenho uma justiça que me permite estar em sua presença como se o pecado nunca houvesse existido. Não somente me é concedida a justiça, mas também tenho a justiça atribuída a mim na nova natureza que recebi dele. Recebi sua natureza, sua vida; e nessa vida e natureza está a vida de Deus. Isso me torna justo assim como Ele é justo.

Essa é a minha declaração. Isso me dá ousadia na oração. Edifica a fé. Torna meu caminho seguro. Não sou mais cercado por limitações porque estou unido com o Ilimitado.

Ele é a vinha e eu sou o ramo. Como ramo, produzo o seu fruto porque a vinha está me transmitindo a plenitude de sua vida. Conheço a realidade disso porque tem se tornado parte do meu ser.

Sei que amo porque Ele tem derramado do seu amor em meu coração por meio do Espírito Santo e sei que sua natureza em mim é o amor. Sua capacidade de amar ganhou o domínio porque agora eu sou capaz de amar, independente das circunstâncias ao meu redor.

Posso dizer com alegria: "O pecado não terá mais domínio sobre mim". O pecado não pode mais ser senhor de minha vida. As circunstâncias não podem mais me manter preso, nem servir de empecilho à minha utilidade no mundo. Eu tenho não somente a vida de Deus em mim e o seu Espírito que levantou a Jesus dentre os mortos, mas também o direito legal de usar o nome de Jesus. Minha confissão é que tudo o que eu pedir ao Pai, em seu nome, Ele me dará. Ele me deu o direito de ser um procurador. Estou usando esse poder para ajudar os homens. Estou assumindo o lugar de Jesus agora. Ele está realizando sua própria obra através de mim. Ele está vivendo sua própria vida em mim.

Jesus disse que em seu nome expulsaríamos demônios. Estou exercitando os meus direitos. Ele também falou que em seu nome imporíamos as mãos sobre os doentes e eles ficariam curados. As minhas mãos passam a ser o instrumento pelo qual sua vida é derramada. Estou vivendo a vida abundante. Sei que as minhas palavras são suas palavras. As suas palavras destruíram o poder da morte, dos demônios e curaram os enfermos. Elas fazem as mesmas coisas em meus lábios. Essa é a minha confissão. É o meu coração se expressando por meio das palavras dos meus lábios. A confissão é a maneira como a fé se expressa.

A fé, bem como o amor, somente se revelam em ação e palavra. Não há fé sem confissão. A fé cresce com a sua declaração. A confissão faz diversas coisas ao crente. Ela o posiciona. Fixa os marcos de sua vida. Poderosamente afeta o seu espírito, seu homem interior, quando ele faz sua declaração.

Por exemplo, em Romanos 10.9-10 temos: "Se você confessar com a sua boca que Jesus é Senhor e crer em seu coração que Deus o ressuscitou dentre os mortos, será salvo. Pois com o coração se crê para justiça, e com a boca se confessa para salvação". Há duas confissões envolvidas aqui: a primeira, do senhorio de Jesus, e a segunda, que Ele se tornou a justiça de Deus e está salvo. Essas são declarações positivas.

A razão de a maioria dos cristãos, embora sinceros, serem fracos, é porque nunca ousaram fazer uma confissão de quem são em Cristo. O que eles devem fazer é descobrir o que são na mente do Pai – como Ele olha para eles – e então declarar essa verdade. Isso pode ser encontrado nas Epístolas. Quando você se deparar com isso, corajosamente faça sua confissão do que a Palavra declara que você é em Cristo. À medida que fizer isso, sua fé aumentará. A razão por que sua fé é sufocada e mantida em cativeiro é porque você nunca ousou declarar o que Deus diz que você é.

Lembre-se de que a fé nunca cresce além de sua confissão. Sua declaração diária do que o Pai é para você, do que Jesus está agora fazendo por você, à direita do Pai, e do que o Espírito Santo está fazendo em você, edificará uma vida de fé sólida, positiva. Você não terá medo de qualquer circunstância, doença, ou condição. Enfrentará a vida com coragem – como vencedor. Depois de algum tempo, descobrirá que Romanos 8.37 é verdade: "Mas, em todas estas coisas somos mais que vencedores". Você nunca será um vencedor, a menos que o confesse.

Uma declaração errada

Uma confissão errada é a de derrota, fracasso e da supremacia de Satanás. Falar acerca de sua luta com o Diabo, de como tem atrapalhado você e como o está mantendo cativo e doente é uma declaração de derrota. É uma confissão errada. Ela glorifica o adversário. É uma declaração inconsciente de que Deus Pai é um fracasso. A maioria das confissões que ouvimos hoje glorifica o Diabo. Elas destroem a fé e o mantém em cativeiro.

A declaração de seus lábios que provém da fé em seu coração derrotará completamente o adversário em todo combate.

A confissão da capacidade de Satanás de atrapalhá-lo e mantê-lo longe do sucesso, dá a ele o domínio sobre você e o enche de medo e fraqueza. Mas se você corajosamente confessar o cuidado e a proteção do Pai e declarar que Aquele que está em você é maior do que qualquer força à sua volta, você superará a influência satânica.

Toda vez que você confessar suas dúvidas e medos, suas fraquezas e enfermidades, estará abertamente declarando que a Palavra de Deus não é verdade e que Deus falhou em cumpri-la. Ele declara que "pelas suas feridas você foi sarado" e "certamente ele tomou sobre si as nossas enfermidades e levou as nossas doenças". Em vez de confessar que Ele tomou sobre si minhas enfermidades e as levou embora, confesso que elas ainda estão comigo. Aceito o testemunho dos meus sentidos, em vez do testemunho da Palavra de Deus. Enquanto eu me apegar com firmeza à minha confissão de fraqueza, doença e dor, elas ainda estarão em mim. Posso procurar durante anos que algum homem de Deus faça a oração de fé por mim e ela não será de valia alguma porque minha incredulidade destrói o efeito da fé dele.

O crente que está sempre declarando pecados e fraquezas está edificando fraqueza, fracasso e pecado em sua consciência. Quando pecamos e confessamos o nosso pecado, "ele é fiel e justo para perdoar os nossos pecados e nos purificar de toda injustiça" (1Jo 1.9). Quando essa confissão é feita, nunca mais nos referimos a ela de novo. Não é história passada porque história pode ser relembrada. É como se nunca tivesse acontecido.

Nunca deveríamos lembrar a nós mesmos ou ao Senhor de nossas falhas ou de nossos erros passados. Eles não mais existem! Se você confessar algo, confesse que permanece íntegro nele – que o que Deus disse em relação aos seus erros e desatinos é a verdade. Não devemos nunca confessar nossos pecados a pessoas. Talvez tenhamos de pedir perdão a elas, mas então devemos esquecer. Nunca conte a ninguém suas fraquezas ou seus erros e deslizes passados. As pessoas não se esquecerão e, algumas vezes, farão você lembrar-se deles. Se você contar a alguém, conte ao Senhor e depois esqueça.

Ouse fazer sua confissão

Você confessa que Deus é o Senhor de sua vida, que Ele é o Senhor sobre a doença, as enfermidades e sobre Satanás. Você retém firme a sua declaração do senhorio absoluto de Jesus sobre tudo que poderia mantê-lo em cativeiro ou impedi-lo de desfrutar da obra completa de Cristo. Diante de cada necessidade, você confessa que o Senhor é o seu Pastor. De nada terá falta. Ele é a sua provisão. Ele é a sua saúde, a sua força. Ele é a força da sua vida; a quem você receará?

Lembre-se de que nunca realizamos além de nossa confissão. Se você ousar declarar cura, com base na Palavra, então não há enfermidade para você. Diante da dor e de uma ferida aberta, você declara que pelas suas pisaduras você está curado e retém firme sua confissão, nunca estremecendo, sabendo que nenhuma Palavra de Deus é vazia de poder.

A palavra "poder" significa "capacidade" – capacidade de realizar o que é bom. Essa Palavra irá curá-lo se você continuamente declará-la. O seu corpo responderá à sua mente e o seu espírito obterá o senhorio sobre o seu corpo e a sua mente. O seu corpo obedecerá à sua confissão. "Ele enviou a sua palavra e os curou" (Sl 107.20). Jesus é essa palavra. Agora, o nome de Jesus e as palavras de Jesus são sua cura. A confissão é a confirmação da Palavra de Deus. É uma confissão de minha confiança no que Deus falou.

Eis aqui diversas declarações que todo crente deve fazer.

Romanos 10.9-10 diz: "Se você confessar com a sua boca que Jesus é Senhor e crer em seu coração que Deus o ressuscitou dentre os mortos, será salvo. Pois com o coração se crê para justiça, e com a boca se confessa para salvação". Confessamos o senhorio absoluto de Jesus e a justiça absoluta que nos é conferida em nossa redenção. Ousamos declarar diante do mundo e diante do trono de Deus que Jesus é agora o nosso Senhor e que temos recebido a salvação e nos tornado a justiça de Deus nele. Declaramos que somos novas criaturas das quais Jesus é a cabeça e o Senhor. A Palavra tomou o lugar de Jesus em nossas vidas. Devemos obedecer à Palavra como obedeceríamos a Jesus se Ele estivesse em nossa presença.

Uma segunda confissão está em 1Pedro 5.7: "Lancem sobre ele toda a sua ansiedade, porque ele tem cuidado de vocês". Declaramos que não mais temos cuidados, ansiedades e fardos. Não podemos nunca estar prostrados. Não podemos nunca estar desencorajados e inadequados para o trabalho da vida. A nossa mente está completa e lúcida. O nosso espírito está livre. O nosso testemunho tem a unção do Espírito porque Ele leva todo o peso, suporta todo o fardo e supre cada necessidade.

Uma terceira confissão está em Salmo 23.1: "O Senhor é o meu pastor, de nada terei falta". Não tenho necessidade de dinheiro. Não tenho necessidade de saúde ou de descanso. Não tenho necessidade de força. Não tenho necessidade alguma. Que vida maravilhosa! Que senso de segurança, de poder e de vitória! Você não tem medo de assumir a sua posição em Filipenses 4.19: "O meu Deus suprirá todas as minhas necessidades".

Em alta voz você faz a sua quarta confissão: que Isaías 53.3-5 é verdade. Toda doença, toda fraqueza e toda enfermidade foi depositada em Jesus Cristo e você está livre delas. Assim como Ele levou sobre si o seu pecado, levou suas enfermidades. Você está completo nele. Livre do fardo, do poder, da dor e do efeito da doença. Essa declaração lhe dá um corpo saudável, uma mente clara e um espírito vitorioso.

Sua quinta confissão é a de que 1Coríntios 1.30 é absolutamente verdade: "É, porém, por iniciativa dele que vocês estão em Cristo Jesus, o qual se tornou sabedoria de Deus para nós, isto é, justiça, santidade e redenção". Cristo foi feito todas essas coisas para você. Você não precisa pedir sabedoria, como Tiago ensina os bebês em Cristo a fazerem, porque Ele é a sua sabedoria. Você não precisa pedir justiça porque você se tornou a justiça de Deus nele. Você não tem de pedir que o santifique porque Ele é a sua santificação. Você não precisa orar pela redenção porque você é redimido. Ele é a sua redenção. Que confissão a fazer diante do mundo!

Em Hebreus 4.14 está escrito: "Apeguemo-nos com toda a firmeza à fé que professamos". Descobrimos até certo ponto o que a nossa confissão é, mas há muito mais a respeito dela além do que você encontrará neste livro. O seu sucesso e a sua utilidade no mundo serão medidos por sua confissão e pela tenacidade com a qual retiver firmemente essa confissão, sob quaisquer circunstâncias ou opiniões de homens. Você nunca se renderá ao medo ou dará ouvidos à voz dos sentidos. Você permanece firme em sua confissão, sabendo que Deus não pode falhar.

Há um grave perigo na confissão dupla. Você declara a fidelidade de Deus, a fidelidade absoluta de sua Palavra, mas no mesmo instante declara sua enfermidade.

Você confessa sua doença, sua falta de dinheiro, sua falta de capacidade.

Você tem declarado que Ele é a sua provisão, que Ele é o seu médico. Você tem declarado que foi curado por suas pisaduras. Mas agora fala sobre sua falta de capacidade de fazer isso ou aquilo por causa da sua doença. Você não consegue fazer as tarefas domésticas ou ir para a sua empresa porque não consegue fazer essas coisas. No entanto, fez sua declaração de que Ele é a força da sua vida e de que por suas pisaduras você foi curado.

Sua confissão de doença e enfermidade destrói o que você é em Cristo ou o que Ele é para você. Essa é uma das mais perigosas declarações. Você descobrirá que foi treinado tão zelosamente na confissão do erro, do fracasso, da fraqueza, do pecado, da doença e da necessidade que será preciso uma grande dose de disciplina na Palavra para curá-lo desse hábito.

Agora faça sua declaração e fique firme.

2

EU POSSUO O QUE DECLARO

Declaro a Jesus como meu Senhor (Rm 10.9-10): possuo a salvação.

Declaro que "pelas suas feridas sou curado" (Is 53.5): possuo a cura.

Declaro que "o Filho me libertou" (Jo 8.36): possuo liberdade absoluta.

Declaro que "Deus derramou seu amor em meu coração, por meio do Espírito Santo" (Rm 5.5): possuo a capacidade de amar a todos.

Declaro que "os justos são corajosos como o leão" (Pv 28.1): possuo a coragem de um leão na luta espiritual.

Declaro que "Ele nunca me deixará, nunca me abandonará" (Hb 13.5-6): possuo a presença de Deus a cada passo que eu der.

Confesso que "sou o resgatado do Senhor" (Sl 107.2): possuo os benefícios da redenção todos os dias.

Declaro "a unção do Santo que permanece em mim" (1Jo 2.27): possuo os resultados libertadores dessa unção (Is 10.27).

Declaro que "no nome de Jesus posso expulsar demônios" (Mc 16.17): possuo livramentos poderosos contra o Diabo.

Confesso que "imponho as mãos sobre os doentes e eles ficam curados" (Mc 16.18): possuo cura positiva para os oprimidos.

Declaro que "sou o ramo da Videira Viva" (Jo 15.5): possuo a vida da Videira onde quer que eu vá.

Declaro que "sou a justiça de Deus em Cristo" (2Co 5.21): possuo a capacidade de permanecer livremente na santa presença de Deus, e na presença de Satanás, como um vitorioso!

Declaro que "sou um templo do Deus vivo": possuo a morada de Deus em mim, andando comigo!

Declaro que "o meu Deus suprirá todas as minhas necessidades" (Fp 4.19): possuo a provisão de cada necessidade.

3

UMA DECLARAÇÃO NEGATIVA

Poucos percebem que nossa declaração nos aprisiona. O tipo certo de confissão nos libertará. Não é somente o nosso pensamento; são nossas palavras, nossa conversa, que geram força ou fraqueza em nós.

As nossas palavras são as moedas no reino da fé. Elas nos enlaçam e nos mantêm em cativeiro ou nos libertam e atuam poderosamente na vida dos outros. O que declaramos com os nossos lábios é o que realmente domina o nosso interior. Inconscientemente confessamos aquilo que cremos. Se falamos de doença, é porque acreditamos na doença. Se falamos de fraqueza e fracasso, é porque cremos na fraqueza e no fracasso.

É surpreendente como as pessoas têm fé em coisas erradas! Elas creem firmemente no câncer, em úlceras do estômago, na tuberculose e em outras doenças incuráveis. A fé delas nessas doenças chega a um ponto que as domina completamente, governando-as. Elas se tornam escravas.

As pessoas se habituam a declarar suas fraquezas e essa confissão aumenta a amplitude delas. Elas confessam a falta de fé e ficam cheias de dúvidas. Confessam o medo e se tornam ainda mais temerosas. Confessam o medo de doenças e a doença cresce debaixo dessa confissão. Confessam sua necessidade e desenvolvem uma percepção de necessidade que ganha a supremacia em suas vidas.

Quando entendemos que nunca iremos além de nossa confissão, estamos chegando ao ponto onde Deus pode realmente começar a nos usar.

Você declara que pelas suas feridas você foi curado: apegue-se à sua confissão e nenhuma doença poderá resistir a você.

Quer percebamos, quer não, estamos semeando palavras exatamente como Jesus disse em Lucas 8.11: "A semente é a Palavra de Deus". O semeador saiu a semear e a semente que semeava era a Palavra de Deus. Essa é a semente que devemos semear. Outros estão semeando sementes do senso comum, de dúvida e medo.

Quando declaramos a Palavra de Deus, declarando com ênfase que "por suas feridas fui curado" ou "o meu Deus suprirá todas as minhas necessidades", nos apegando à nossa confissão, é que vemos o nosso livramento.

As nossas palavras geram fé ou dúvida nos outros. Apocalipse 12.11 declara: "Eles o venceram pelo sangue do Cordeiro e pela palavra do testemunho que deram". Eles o venceram com a Palavra de Deus que estava em seu testemunho. Eles derrotaram o Diabo com palavras.

A maioria dos enfermos que Jesus curou durante o seu ministério foi curada com palavras. Deus criou o universo com palavras: palavras cheias de fé.

Jesus falou: "Sua fé a salvou" (Lc 7.50). Ele disse a Lázaro: "Venha para fora" (Jo 11.43). Suas palavras ressuscitaram mortos. Satanás é vencido por palavras e amarrado também por palavras.

Os nossos lábios podem ser canais do livramento de Deus, desde o céu, para a necessidade do homem aqui na terra. Usamos a Palavra de Deus. Sussurramos "em nome de Jesus, demônio, sai dele". Jesus disse: "Em meu nome, vocês expulsarão demônios; em meu nome imporão as mãos e os doentes ficarão curados". Tudo com palavras!

4

A CONFISSÃO ANTECEDE A POSSE

Declaro que "todo aquele que invocar o nome do Senhor será salvo" (Rm 10.13): possuo a salvação porque invoquei o nome do Senhor.

Declaro que "o Senhor me protegerá de todo o mal" (Sl 121.7): possuo a proteção contra todo tipo de mal.

Declaro "bem-aventurados os puros de coração, pois verão a Deus" (Mt 5.8): possuo a garantia de que verei a Deus, porque o sangue de Jesus purificou o meu coração.

Declaro que "o Senhor dá força ao seu povo; o Senhor dá a seu povo a bênção da paz" (Sl 29.11): possuo força diária e abundância de paz.

Confesso "bendito seja o Senhor, Deus, nosso Salvador, que cada dia suporta as nossas cargas" (Sl 68.19): possuo uma vida sem fardos e cheia dos benefícios do Senhor.

Declaro que Jesus disse "Eu sou a luz do mundo. Quem me segue, nunca andará em trevas, mas terá a luz da vida" (Jo 8.12): possuo luz no caminho da vida porque estou seguindo a Jesus.

Declaro que "Deus é poderoso para fazer que lhes seja acrescentada toda a graça, para que em todas as coisas, em todo o tempo, tendo tudo o que é necessário, vocês transbordem em toda boa obra" (2Co 9.8): possuo toda a graça, graça abundante – graça salvadora, graça que cura, graça que batiza, graça suficiente.

Declaro que "nada é impossível para Deus" (Lc 1.37): possuo impossibilidade se transformando em realidade porque estou ligado a Deus por meio de nascimento divino.

Declaro que Deus disse "derramarei do meu Espírito sobre todos os povos" (At 2.17): possuo o Espírito derramado sobre minha vida continuamente.

Declaro que assim "como o Oriente está longe do Ocidente, assim ele afasta para longe de nós as nossas transgressões" (Sl 103.12): possuo a garantia de que os meus pecados são levados para longe de mim, aleluia!

5

A NOSSA DECLARAÇÃO

Jesus evidentemente andou à luz de sua confissão. Ele era o que declarava.

É estranho que, até pouco tempo, não sabíamos que a fé acompanha as pegadas de nossa confissão.

A nossa declaração constrói a estrada por onde a fé reboca sua poderosa carga.

Você vai aprender que nunca irá além de sua confissão.

Você nunca desfrutará das riquezas da graça, a menos que as declare.

Você descobrirá que sua confissão do que Ele é, do que fez por você e do que você é nele, sempre precede a revelação que Ele faz de si mesmo.

A salvação acompanha a declaração. "Se você confessar com a sua boca que Jesus é Senhor". E o mesmo é verdade no recebimento do Espírito Santo.

A nossa cura acompanha a nossa declaração.

Algumas pessoas têm de "se apegar com firmeza à sua confissão" em face da aparente derrota. Elas se recusam a se render às evidências dos sentidos.

Você vai aprender o perigo de uma confissão dupla: confessar em um momento a integridade absoluta da Palavra, mas, no momento seguinte, confessar que Deus não a cumpriu em seu caso.

A sua declaração desafia o mundo.

É a coisa que faz com que as pessoas se aventurem na vida de fé. Os cristãos são a grande confissão.

Ela começa em Jesus com sua confissão e depois continua em nós, em nossa ousada declaração da fidedignidade suprema da Palavra viva.

6

POSSUO O
QUE DECLARO

"Com a boca se confessa para salvação." – Romanos 10.10

Possuo orientação contínua porque declaro: "O Senhor me guiará constantemente" (Is 58.11).

Possuo a vida eterna porque declaro que Jesus disse: "As minhas ovelhas ouvem a minha voz... e eu lhes dou a vida eterna" (Jo 10.27-28).

Possuo a paz de Deus porque declaro: "E a paz de Deus, que excede todo o entendimento, guardará o coração e a mente de vocês em Cristo Jesus" (Fp 4.7).

Possuo liberdade em relação ao medo porque confesso que Deus disse: "Eu sou o Senhor, o seu Deus, que o segura pela mão direita e lhe diz: não tema" (Is 41.13).

Possuo abundantes bênçãos financeiras porque declaro: "Aquele que semeia com fartura, também colherá fartamente" (2Co 9.6).

Possuo auxílio sobrenatural em todas as situações porque declaro: "O meu socorro vem do Senhor que fez os céus e a terra" (Sl 121.2).

Possuo o bem porque declaro: "Sujeite-se a Deus, fique em paz com ele, e a prosperidade virá a você" (Jó 22.21).

Possuo a paz com meus inimigos porque confesso: "Quando os caminhos de um homem são agradáveis ao Senhor, ele faz que até os seus inimigos vivam em paz com ele" (Pv 16.7).

Possuo a capacidade de ser uma bênção porque confesso: "Também os salvarei e vocês serão uma bênção" (Zc 8.13).

Possuo um bom e profundo sono à noite porque declaro: "O Senhor concede o sono àqueles a quem ele ama" (Sl 127.2).

Possuo a garantia de que meu trabalho no Senhor é frutífero porque declaro: "Pois vocês sabem que, no Senhor, o trabalho de vocês não será inútil" (1Co 15.58).

Possuo, como um homem de fé, bênçãos abundantes porque declaro: "O fiel será ricamente abençoado" (Pv 28.20).

Possuo força para o meu dia porque declaro: "E dure a sua força como os seus dias" (Dt 33.25).

Possuo honra especial de meu Pai porque declaro: "Aquele que me serve, meu Pai o honrará" (Jo 12.26).

7

O LUGAR QUE A DECLARAÇÃO OCUPA

A igreja nunca deu a esse tema vital um lugar em seu ensino. No entanto, a oração respondida, o uso do nome de Jesus e a fé dependem totalmente dele.

"Portanto, santos irmãos, participantes do chamado celestial, fixem os seus pensamentos em Jesus, apóstolo e sumo sacerdote que confessamos" (Hb 3.1).

O cristianismo é a nossa confissão e em Hebreus 4.14, Deus nos diz para nos apegarmos "com toda firmeza à fé que professamos".

Em algumas versões (como a NVI) o termo é "professar", mas o grego significa testemunhar uma confissão com nossos lábios.

Você entende Romanos 10.8-10: "Se você confessar com a sua boca que Jesus é Senhor e crer em seu coração que Deus o ressuscitou dentre os mortos, será salvo. Pois com o coração se crê para justiça, e com a boca se confessa para salvação". Você vê o lugar que a confissão ocupa na salvação. Ela ocupa o mesmo lugar em nossa caminhada de fé.

O cristianismo é a confissão. É a nossa declaração pública do que somos em Cristo, do que Cristo é para nós. A nossa fé é medida por nossa confissão. Nunca cremos além de nossa declaração.

Não é uma confissão de pecado; é a confissão de nossa posição em Cristo, de nossos direitos legais, daquilo que o Pai fez por nós em

Cristo e do que o Espírito tem feito em nós através da Palavra e do que Ele é capaz de fazer por meio de nós.

Há um grave perigo em termos duas declarações. Uma seria a integridade da Palavra e a outra, nossas dúvidas e medos.

Toda vez que declaramos fraqueza e fracasso, dúvida e medo, ficamos no mesmo nível dessas coisas.

Podemos orar com muito fervor e sinceridade e declarar em nossas orações a nossa fé na Palavra, no entanto, no momento seguinte, questionamos se Deus nos ouviu ou não, porque confessamos que não temos as coisas que pedimos na oração. A nossa última declaração destrói a nossa oração.

Alguém me pediu que eu orasse por sua cura. Eu orei por essa pessoa e ela então disse: "Quero que você continue orando por mim". Perguntei pelo que ele queria que eu orasse. Ele disse: "Pela minha cura". Eu disse: "A oração não será de nenhuma valia. Você acabou de negar a Palavra de Deus". A Palavra diz: "Os que creem imporão as mãos sobre os enfermos e eles ficarão curados, e tudo o que vocês pedirem em meu nome, eu farei".

Eu fiz a oração de fé e ele a negou. Por sua confissão, ele anulou a minha oração e destruiu o efeito da minha fé.

A sua declaração deve concordar totalmente com a Palavra. E se você orou em nome de Jesus, você deve apegar-se com firmeza à sua confissão. É fácil destruir o efeito de sua oração por uma declaração negativa.

8

EU RECONHEÇO

"Oro para que a comunhão que procede da sua fé seja eficaz no pleno conhecimento de todo o bem que temos em Cristo."
Filemom 6

Reconheço que "fui crucificado com Cristo. Assim, já não sou eu quem vive, mas Cristo vive em mim. A vida que agora vivo no corpo, vivo-a pela fé no filho de Deus, que me amou e se entregou por mim" (Gl 2.20). Reconhecer um fato é declará-lo, confessá-lo, é dar testemunho dele. Nunca esquecerei o dia maravilhoso quando andei de um lado para o outro em meu gabinete declarando outra e outra vez: "Cristo vive em mim! E a vida que agora vivo, vivo-a pela fé no filho de Deus. É por sua fé vitoriosa que eu realmente vivo!".

Reconheço que "Àquele que é capaz de fazer infinitamente mais do que tudo o que pedimos ou pensamos, de acordo com o seu poder que atua em nós" (Ef 3.20). Em Cristo, esse poder está agindo dentro de mim. O que esse poder está fazendo em mim? Infinitamente mais do que tudo o que pedimos ou pensamos. Aleluia! Reconheço com frequência que o poder de Deus está operando em mim.

Eu reconheço que "tudo o que eu pedir em nome de Jesus, Ele me dará" (Jo 16.24). Isso é meu! Privilégio abençoado! Aleluia! Peço ao Pai, no nome de Jesus, e coisas maravilhosas acontecem. Reconheço esse fato.

Reconheço que aquele que está em mim "é maior do que aquele que está no mundo" (1Jo 4.4). Constantemente reconheço que o Grandioso está em mim. O Grandioso tem o controle da minha vida e é maior do que o inimigo que está neste mundo. Como isso me deixa confiante em situações adversas, problemas e ansiedades!

Reconheço que "Deus não nos deu espírito de covardia, mas de poder, de amor e de equilíbrio" (2Tm 1.7). Reconheço que dentro de mim há o espírito de poder, de amor e de equilíbrio. Isso incendeia a minha fé; reconheço que tenho esses espíritos de poder, amor e equilíbrio agora.

Reconheço que dentro de mim há liberdade porque o Espírito Santo está em mim: "Ora, o Senhor é o Espírito e, onde está o Espírito do Senhor, ali há liberdade" (2Co 3.17). Nunca digo: "Não sinto liberdade em mim". Deus diz que o Espírito Santo está em mim. Por causa disso, o poderoso Espírito Santo que liberou o corpo de Jesus Cristo dentre os mortos e habita em mim, está produzindo liberdade. Tenho a liberdade do Espírito: também sou um libertador, libertando outras pessoas.

Reconheço que "Deus derramou seu amor em nossos corações, por meio do Espírito Santo" (Rm 5.5). Reconheço que posso amar com o mesmo puro amor com que Jesus amou a humanidade carente porque o amor de Deus está derramado em meu coração. É assim que sou conhecido como um discípulo do Senhor: "Com isso todos saberão que vocês são meus discípulos, se vocês se amarem uns aos outros" (Jo 13.35).

Reconheço que posso impor "as mãos sobre os doentes, e estes ficarão curados" (Mc 16.18). Jesus disse isso e é minha autoridade sobrenatural ministrar o seu poder de cura aos corpos doentes e enfermos. Eles serão curados!

9

AS DUAS DECLARAÇÕES

Certa manhã, depois de orar por uma pessoa, ela ficou satisfeita por estar perfeitamente curada. Mas agora os sintomas voltaram e o coração dela está perturbado. Ela se pergunta onde está a dificuldade.

Então, perguntei a ela: "Você contou ao seu marido, quando ele chegou em casa à noite, que você estava curada?". "Não, eu não tinha certeza ainda. Não queria dizer algo sem ter total segurança." "Mas você sentia alguma dor? Tinha algum machucado?", perguntei. "Não. Tudo tinha desaparecido; mas eu precisava tomar cuidado. Meu marido é cético e eu só queria contar a ele que eu estava curada quando tivesse certeza".

Posso ver onde está a dificuldade. Ela não acreditava na Palavra de Deus. Se ela tivesse feito sua confissão ao marido, a doença nunca teria voltado. Mas ela brincou nas mãos do inimigo, ele restaurou os mesmos sintomas que ela tivera e trouxe de volta a dor e a ferida. Isso aconteceu porque ela o convidou a fazê-lo. Se tivesse ousado posicionar-se na Palavra e se apegado firmemente à confissão de que estava curada, Satanás não teria terreno para aproximar-se dela.

A nossa fé ou incredulidade é determinada por nossa declaração. Poucos percebem o efeito da palavra que proferimos em nosso próprio coração ou no de nosso adversário. Ele nos ouve fazer a nossa declaração de fracasso, doença e necessidade e aparentemente não esquece. E nós, inconscientemente, descemos ao nível de nossa confissão. Ninguém vai além dela. Se você declara doença, a doença se desenvolve em seu sistema. Se você confessa dúvida, a dúvida fica mais forte. Se você confessa falta de recursos, o dinheiro pára de entrar. Você diz: "Não consigo entender". Não. Porque a maioria de nós vive na realidade dos sentidos e as coisas espirituais são muito distintas.

Hebreus 4.14 deve se tornar uma realidade constante: "Portanto, visto que temos um grande sumo sacerdote que adentrou os céus, Jesus, o Filho de Deus, apeguemo-nos com toda a firmeza à fé que professamos". A nossa confissão é de que a Palavra não pode falhar; o que o Pai diz é verdade. Quando duvidamos do Pai, duvidamos de sua Palavra. Quando duvidamos de sua Palavra, é porque cremos em algo contrário àquela Palavra. A nossa confiança pode estar na força humana, na medicina, nas instituições; mas independente de onde nossa confiança estiver, se ela contradiz a Palavra, destrói a nossa vida de fé. Ela destrói as nossas orações e nos leva de volta ao cativeiro.

Toda pessoa que anda por fé passará por provações. Elas não provêm do Pai; elas provêm do adversário. Ele se recusa a permitir que você escape dele. Você se torna perigoso para o adversário quando fica forte o suficiente para resisti-lo – quando você aprende a confiar na capacidade do Pai de suprir todas as suas necessidades. Quando isso se torna uma realidade em sua consciência, o adversário é derrotado.

Mas enquanto o Diabo conseguir confundir a questão e manter você em um estado de instabilidade, você está em desvantagem. Que a sua confiança na Palavra seja fortalecida para que você saiba que "nenhuma Palavra de Deus é vazia de poder" ou pode ficar sem efeito. Não existe poder algum em todo o universo capaz de invalidar uma só declaração desta Palavra. Ele disse: "Observo a minha Palavra para cumpri-la". E novamente: "Todo o que crê nele não será confundido". A sua confiança está nessa Palavra viva, infalível e você se apega firmemente à sua declaração, diante de todo ataque do inimigo.

10

"AFIRME CATEGORICAMENTE ESSAS COISAS." – TITO 3.8

A palavra confissão, em seu significado positivo na Bíblia, quer dizer *afirmar* o que Deus disse em sua Palavra. É *declarar* a Palavra. É *testificar* as verdades reveladas no Livro. Temos sido divinamente instruídos a nos apegarmos "com toda a firmeza à fé que professamos" (Hb 4.14) e também "com firmeza à esperança que professamos, pois aquele que prometeu é fiel" (Hb 10.23). Devemos não somente nos apegarmos com firmeza à nossa confissão da Palavra, mas também afirmar constantemente aquilo que Deus tem nos revelado.

O que é confissão? Confissão é dizer o que Deus disse em sua Palavra acerca de algo. É concordar com Deus. É dizer a mesma coisa que a Escritura diz. Apegar-se com firmeza à sua confissão é dizer o que Deus disse, outra e outra vez, até que aquilo desejado por seu coração e prometido na Palavra seja plenamente manifesto. Não existe posse sem declaração.

Quando descobrimos nossos direitos em Cristo, devemos afirmá-los constantemente. Testificá-los. Testemunhar desses gigantescos fatos da Bíblia. Ou como Paulo disse em Filemom 6: "Que a comunhão que procede da sua fé seja eficaz no pleno *conhecimento* de todo o bem que temos em Cristo".

Afirmações de verdade devem brotar de nossos lábios constantemente. Devemos nos apegar com firmeza a elas sem hesitar. A penalidade por hesitar em nossa declaração é que negamos a nós mesmos a promessa de Deus e a realização dela. "Peça-a, porém, com fé, sem duvidar, pois aquele que duvida... não pense tal pessoa que receberá coisa alguma do Senhor" (Tg 1.6-7).

"Assim o digam os que o Senhor resgatou" (Sl 107.2). "Digam sempre os que amam a tua salvação: 'Como Deus é grande!'" (Sl 70.4).

O que devemos afirmar *constantemente*? Afirmar as Escrituras positivas que revelam as coisas boas dentro de nós em Cristo. Existem centenas de afirmações poderosas a fazer constantemente à medida que falamos a língua da Escritura.

Afirme essas coisas categoricamente:

Deus é quem diz ser.
Eu sou quem Deus diz que sou.
Deus pode fazer o que diz ser capaz de fazer.
Eu posso fazer o que Deus diz que sou capaz de fazer.
Deus tem o que diz ter.
Eu tenho o que Deus diz que tenho.

11

NOSSA CONVERSA

Poucos de nós percebem o efeito que nossas conversas têm em nosso espírito.

Quando você finge ser algo que não é e fala disso abundantemente, gera fraqueza em seu espírito. É como uma parte podre na madeira de um prédio.

Sua conversa também pode ser cheia de desânimo e você fala de seus fracassos e inferioridade. Com o tempo, isso lhe roubará toda a iniciativa. Você terá dificuldade de superar essa atitude mental.

Por outro lado, você fala a verdade sobre quem é em Cristo. Confessa aos seus amigos ou inimigos o que Deus é para você e sua união com Ele. Diz que, na verdade, é um parceiro dele, e que Ele é quem defende você e fornece os meios para que a coisa aconteça. Você dá crédito a Deus por sua capacidade e sabedoria e ousa fazer sua declaração corajosamente a respeito de sua confiança em seu sucesso, por meio da graça dele.

A confissão corajosa e contínua de Jesus é o nosso exemplo. Nós somos o que Ele quer que sejamos. Jesus declarou o que era. O senso comum não seria capaz de entender isso. Devemos confessar o que somos em Cristo. Os homens que se apegam aos sentidos não nos entenderão. Confessar que você é redimido, que sua redenção é de fato uma realidade, que você foi liberto do domínio e autoridade de Satanás, é uma confissão ousada de se fazer.

Declarar que você é de fato uma nova criatura, criada em Cristo

Jesus, que você é participante da natureza e vida da Divindade, surpreenderia seus amigos. Não é confessar uma única vez, mas diariamente afirmar seu relacionamento com Ele, confessar sua justiça, sua capacidade de permanecer na presença dele, sem a sensação de culpa ou inferioridade.

Ouse posicionar-se diante dos fatos que os sentidos apresentam e declarar que você é o que Deus diz que é! Por exemplo, meus sentidos declaram que estou doente, com uma doença incurável. Eu confesso que Deus levou aquela doença em Jesus e que Satanás não tem o direito de colocá-la em mim; que "pelas suas feridas estou curado". Devo me apegar com firmeza à minha confissão, mesmo em face de aparente contradição que o conhecimento dos sentidos me apresenta. O conhecimento dos sentidos diz que não é verdade; que estou confessando uma inverdade. Mas eu estou declarando o que Deus diz.

Entenda. Existem dois tipos de verdade: a verdade dos sentidos e a verdade da revelação; e geralmente elas são opostas uma à outra. Eu vivo na nova realidade, acima dos sentidos, por isso me apego firmemente à minha confissão de que eu sou o que a Palavra diz que sou.

Suponhamos que os meus sentidos me revelem o fato de que estou em grande necessidade financeira. A Palavra declara: "O meu Deus suprirá todas as suas necessidades". Eu chamo a atenção de Deus para aquilo que os sentidos estão me mostrando e Ele sabe que as minhas expectativas estão nele. Recuso-me a ficar intimidado pelas evidências dos sentidos. Recuso-me a ter a minha vida governada por eles. Sei que maior é aquele que está em mim do que as forças que me cercam. As forças que se opõem a mim estão nos sentidos. O poder que está em mim é o Espírito Santo; e eu sei que as forças espirituais são maiores que as forças da realidade dos sentidos. Mantenho minha declaração dos valores espirituais, da realidade espiritual mesmo em face das contradições dos sentidos.

12

SEJA O EDIFICADOR DE SUA FÉ

Não ouse ler os parágrafos seguintes silenciosamente. Eles devem somente ser lidos em voz alta. Você estará edificando a sua própria fé, já que a "fé vem pelo ouvir a Palavra de Deus". Comece agora e seja o seu próprio "Construtor da Fé".

"Sou uma nova criatura em Jesus Cristo. Sim, eu sou. O que isso significa? Significa que, no momento que recebi a Cristo como meu Senhor e Salvador pessoal, nasci na família real de Deus. Sou filho de Deus. Deus me criou em Cristo Jesus. Ele colocou nova vida em mim. Nasci de cima, nasci do Espírito. Tudo o que Deus cria é bom. Eu não vou depreciar a minha vida, porque ela está em Cristo. Ele me fez e não eu mesmo. Eu sou o que Ele planejou que eu fosse... uma nova criatura. Não vou me diminuir, porque estou em Cristo e em Cristo tenho recebido nova vida. A vida antiga passou. Sou cidadão de um novo reino. Minha cidadania está no céu.

Se você vir um anjo, pergunte a ele, e ele lhe dirá que o meu nome está registrado no céu. Oh, maravilha das maravilhas! Sou uma nova criatura em Cristo. Criado por Deus, feito por suas próprias mãos. Deus está agora atuando em mim para que eu deseje e faça o que lhe agrada. O que Deus está fazendo em mim? Ele está me edificando! Fazendo-me crescer forte na fé. Como está fazendo isso? Por meio de sua própria Palavra!

Sou a justiça de Deus em Cristo. Como eu sei disso? 2Coríntios 5.21 é uma das principais declarações, dentre outras, que me informam esse fato. Agora sou justo em Cristo. Não somente uma nova criatura em Cristo, mas justo em Cristo. O que significa ser justo? Significa que possuo a capacidade divina de permanecer na presença santa de Deus, sem me sentir indigno. Significa que Deus me fez justo com sua própria justiça. Estou perante Ele sem qualquer sensação de indignidade. Então, agora que sou completo em Cristo, estou livre daquele antigo complexo de inferioridade que me mantinha cativo. Aleluia!

Fui redimido do reino das trevas e transportado para o Reino do seu Filho amado. Eu estava aprisionado no reino da escuridão espiritual. Satanás era o meu senhor e dono. Eu estava acorrentado, preso, condenado por toda a eternidade ao Inferno. Mas, então, Jesus veio e quebrou as cadeias, libertou a minha alma da condenação eterna e me deu sua vida. Estou agora nesse reino onde Ele reina como Senhor dos senhores e Rei dos reis. Ele me convida a juntar-me a Ele no trono. Eu reino com Ele em vida. Sim, sou redimido. No passado, vivi no terrível cativeiro de Satanás. O pecado me dominava; eu vivia para satisfazer a carne. Mas agora, neste novo reino, o pecado não tem mais domínio sobre mim. No antigo reino das trevas eu vivia debaixo da influência da doença, do medo, da pobreza e do fracasso. Estava preso por poderes impuros. Mas, agora, pelo sangue de Jesus, fui liberto. Digo corajosamente: 'Adeus, doença; adeus, medo; adeus, necessidade; adeus, fraqueza. Estou livre!'. Agora vivo em um novo reino, o reino celestial, onde há vida, luz, liberdade, alegria, paz, saúde, segurança, bênção e poder. Que redenção, a minha! Que Redentor eu tenho!

Sou herdeiro de Deus e co-herdeiro com Jesus Cristo. Ser salvo não é pouca coisa. Recebi uma rica herança. Fui abençoado com todas as bênçãos espirituais nos lugares celestiais em Cristo Jesus. O meu Pai me ama como amou o Senhor Jesus. O meu próprio Pai maravilhoso é maior do que todos. Ele me ama com amor eterno. Sim, sou abençoado com o melhor do céu.

O meu Cristo disse: 'Eu sou a videira e vocês são os ramos'. É assim que estou ligado a Ele. Ele é a videira viva e eu sou um ramo dessa videira. A mesma vida, amor, alegria, paz, poder, sabedoria e capacidade que fluem na videira fluem nos ramos. Onde quer que eu, o ramo, esteja, a seiva da videira flui!

Eu tenho a vida de Deus em meu corpo mortal agora. Não somente quando eu chegar ao céu, mas agora, o meu espírito foi despertado, voltou a viver, e vivo, me movimento e tenho vida em Cristo. Eu tenho o que Deus diz que tenho. Eu posso fazer o que Deus diz que posso fazer. Eu sou o que Deus diz que sou.

Eu, _____ , afirmo que os fatos acima estão estabelecidos para sempre no céu, e estão agora estabelecidos em meu coração. Falarei sempre deles ousadamente e tomarei 'posse de meus bens' em Cristo Jesus."

13

A DECLARAÇÃO DE FÉ

A declaração de fé é sempre uma confissão alegre. Ela confessa que nós temos o dinheiro antes dele chegar. Declara a cura perfeita quando a dor ainda está no corpo. Declara a vitória quando a derrota ainda a mantém presa.

A sua declaração se baseia na Palavra viva. "Sei em quem tenho crido e estou certo de que Ele não somente fará o que é bom, mas está fazendo o que é bom, agora, em meu caso".

Orei por uma pessoa que estava doente. Depois que terminei de orar, a pessoa disse: "Sei que vou ficar boa".

Eu sabia que estávamos derrotados e disse a ela: "Quando você vai ficar boa?".

Ela respondeu: "Não sei quando, mas sei que ficarei, porque a Palavra não pode falhar".

Eu disse: "Não, assim você anulou a Palavra. A Palavra é *agora*, a fé é *agora*. A Palavra é verdade em seu caso?".

Ela disse: "Sim, de fato é verdade".

"Então", eu disse, "pelas suas feridas, o quê?".

Ela entendeu. "Sim, pelas suas feridas estou curada".

Eu disse: "Quando?". Ela disse: "Agora". Eu disse: "É melhor você levantar e se vestir, então".

Lembro-me de um homem idoso em Fredericton, New Brunswick, diácono da igreja batista, que foi acometido de pneumonia nos dois pulmões. Vários pastores da cidade e eu fomos orar por ele. Eu o ungi e nós oramos. Depois de orarmos, ele disse com uma forte voz: "Esposa, pegue as minhas roupas. Vou sair da cama". Isso foi alegria agindo com base na Palavra. Quando declaramos a Palavra com alegria, ela traz convencimento aos ouvintes. Em Romanos 10.10 está escrito: "Pois com o coração se crê". Gosto de traduzir assim: "Porque com o coração se age na Palavra". O coração age e isso leva os lábios a declarar.

Um coração que duvida é um coração governado pelos sentidos. Uma declaração corajosa provém de um coração dirigido pela Palavra. A Palavra domina esse coração e ele fala como Paulo disse: "Sei em quem tenho crido".

De pé, no convés daquele navio naufragando, em meio àquela terrível tempestade, Paulo afirmou: "Eu creio em Deus". Então ele falou àqueles homens assombrados: "Cada um de vocês chegará a salvo em terra, mas o navio se perderá". Ele disse: "Venham, vamos nos alimentar". Ele partiu o pão e deu graças no meio deles. Paulo lhes deu mais do que pão: lhes deu coragem. Paulo tinha uma confissão jubilosa, cheia de fé. Somente um coração que se alimenta da Palavra pode permanecer de pé em situações tão difíceis como essa.

Quando sabemos que a Palavra é Deus falando conosco agora, não é difícil agir com base nela. O Salmo 82 declara que "a Palavra está estabelecida no céu". Quando li isso, entendi que ela deve estar estabelecida em meu coração também. Eu não iria mais "tentar" estabelecê-la. Eu sabia que nenhuma Palavra de Deus ficava sem cumprimento. Eu não tinha mais medo de agir com base nela.

A Palavra se tornou mais real para mim do que qualquer palavra jamais proferida por algum homem. Os meus lábios estavam cheios de riso; o meu coração cheio de alegria e eu tinha uma confissão vitoriosa.

Quantas vezes vi a declaração hesitante como um precursor do fracasso e a confissão jubilosa, como um precursor da vitória. Quando agimos corajosamente com base na Palavra e alegremente lançamos todos os nossos cuidados sobre Deus, a vitória é tão certa quanto o nascer do sol.

14

ANDAR COM DEUS É CONCORDAR COM ELE

Como posso verdadeiramente andar com Deus, a menos que concorde com Ele? Concordar com Deus é dizer a mesma coisa que Ele diz em sua Palavra a respeito de salvação, cura, resposta a oração e uma vida vitoriosa.

Concordo com Deus que sou quem Deus diz que sou: seu filho nascido do céu. Uma nova criatura em Cristo. Mais do que vencedor por meio de Cristo. Discordo do Diabo que me diz que "não tenho jeito", sou um João-Ninguém, um fracasso, um fraco, que estou por baixo. *Concordo* com Deus e discordo do Diabo!

Como posso andar com Deus em poder, bênção e utilidade? Concordando com Deus que tenho o que Ele diz que eu tenho: seu nome, sua natureza, seu poder, sua autoridade, seu amor. *Concordo* que tenho o que Deus diz – em sua Palavra – que eu tenho!

"Enoque andou com Deus" e eu também ando, se concordar que recebi a capacidade de fazer o que Deus diz que posso fazer: testemunhar com poder, expulsar demônios, ministrar o seu poder de curar. "Posso todas as coisas em Cristo". *Concordo* que posso fazer o que Deus diz – em seu Livro – que eu posso fazer!

Se eu falar somente o que os meus sentidos determinam, não concordarei com Deus. Eu concordo com Deus quando falo "somente a Palavra". É a "confissão de fé" que é a minha vitória.

Para andar com Deus, eu *discordo* do Diabo. Jesus discordou... corajosamente declarando "está escrito". Eu resisto ao Diabo pela Palavra.

Diariamente eu ando com Deus concordando com Ele e com sua Palavra. "Porque Deus mesmo disse... podemos, pois, dizer com confiança" (Hb 13.5-6).

15

A REALIZAÇÃO ACOMPANHA A DECLARAÇÃO

Andamos à luz de nosso testemunho – a nossa fé nunca vai além de nossa confissão.

A Palavra se torna real somente à medida que confessamos sua realidade. A razão para isso é que "andamos por fé e não por vista".

O conhecimento dos sentidos confessa somente o que viu, ouviu ou sentiu.

As pessoas que estão buscando experiências sempre andam pelos sentidos.

O nosso testemunho da realidade da Palavra é temido por Satanás.

"Se você confessar com a sua boca". Isso reage em nosso coração da mesma maneira que a dúvida proferida pelos lábios reage em nosso coração.

Você fala de suas dúvidas e de seus medos, e destrói a sua fé.

Você fala da capacidade do Pai, que é sua, e enche os seus lábios com louvor por respostas a orações que fez. A reação disso no coração é tremenda: a fé aumenta com grande velocidade.

Você fala sobre suas provações e dificuldades, sua falta de fé, sua falta de dinheiro, e a fé encolhe, perde a força.

Toda a vida do seu espírito murcha.

Você estuda sobre o que você é em Cristo e então confessa essa verdade corajosamente.

Você ousa agir na Palavra, mesmo em face da oposição do conhecimento dos sentidos.

A despeito das aparências, você toma posição: faz sua confissão e se apega firmemente a ela, mesmo diante de aparentes impossibilidades.

Veja, a fé não é necessária para as coisas possíveis. Porém, a fé é imprescindível diante do impossível.

A oração nunca é pelo possível, mas sempre pelas coisas que a razão não alcança.

É Deus que está agindo conosco, em nós e por nós.

"Como ele não nos dará também todas as coisas?"

Veja, você está se lançando na dimensão do impossível, assim como Abraão fez quando pediu um filho.

Você não está pedindo algo que possa fazer por si mesmo, mas algo que ultrapassa a razão.

Então, você se recusa a dar ouvidos ao medo ou a distrair-se com a dúvida.

As batalhas mais duras que já tive de lutar foram nesse sentido. As maiores batalhas que eu venci foram aquelas que pareciam as mais impossíveis, onde havia a maior oposição, onde a razão era desacreditada pela fé.

Apeguei-me com firmeza à minha confissão e a Palavra se cumpriu.

Confesse sua vitória sobre a doença em nome de Jesus.

Nunca se apavore diante de qualquer situação ou problema, não importa o quão ameaçador e impossível.

Pode ser um câncer, uma tuberculose ou um acidente em que a morte parece ser senhora da situação. Você nunca desiste.

Você sabe que você e Deus são senhores da situação.

Nem por um instante, você perde sua confissão de sua supremacia sobre as obras do adversário.

Essa doença, essa tragédia, não é de Deus. Ela tem uma única origem: Satanás.

E no nome de Jesus, você é o senhor. Você assumiu o lugar de Jesus; você está agindo no lugar de Jesus.

Corajosamente, você assume sua posição; declara sua capacidade em Cristo de resolver qualquer emergência.

Lembre-se sempre que Jesus enfrentou a derrota e a conquistou. Você está enfrentando a derrota em todos os lugares como senhor.

Não recue. Fique firme na linha de frente.

Tradução do *Caminho* de Filipenses 1.27-28: "Que suas vidas, como membros de uma comunhão, sejam dignas das alegres novas do Messias, para que, quer eu vá e veja vocês, quer fique distante e somente ouça notícias, eu saiba que, em unidade de espírito, vocês estão trabalhando arduamente, ombro a ombro, pela fé das alegres novas; que eu saiba que vocês não estão nem um pouquinho amedrontados por causa de seus adversários. O fracasso deles em assustar vocês é uma clara evidência para eles – um sinal da parte de Deus – de que sua destruição é iminente; mas para vocês, que a salvação é de vocês".

Essa firmeza de que fala Colossenses 2.5 (Weymouth) "porém, no espírito estou presente com vocês e me comprazo em testemunhar da sua disciplina e da firmeza de sua fé em Cristo", é a firmeza que exibimos ao nosso inimigo.

Você não pode ser derrotado.

O seu espírito está sussurrando: "Mas em todas estas coisas sou mais que vencedor".

Toda doença é do adversário.

Todo tipo de pecado é do adversário.

Toda oposição às boas-novas é do adversário.

Deus e eu somos vitoriosos.

Maior é aquele que está em mim do que esta oposição ou esta doença.

Nenhuma necessidade é maior do que o meu Senhor.

Não há nenhuma falta que Ele não possa suprir.

Essa vontade indomável que Deus moldou em você não pode ser superada nem derrotada.

Lembre-se de quem você é: você é uma nova criatura.

Você é um ramo da Videira.

Você é um herdeiro de Deus.

Você está unido com Ele. Você e Ele são um; e Ele é o lado mais forte.

É impossível derrotar Deus quando seu instrumento se recusa a

admitir que o inimigo pode derrotá-lo.
Você é esse instrumento.
"Aprendi a adaptar-me a toda e qualquer circunstância" (Fp 4.11).

Derrotado por seus próprios lábios

Você disse que não conseguia e, no momento em que disse isso, ficou amarrado.

Você disse que não tem fé, e a dúvida se levantou como um gigante e prendeu você.

Você está aprisionado por suas próprias palavras.

Você falou de fracasso e o fracasso manteve você em cativeiro.

Provérbios 6.2 diz: "Caiu na armadilha das palavras que você mesmo disse".

Poucos de nós percebemos que nossas palavras nos dominam.

Um jovem me contou: "Fiquei amarrado, até que confessei que estava amarrado".

Outro homem revelou: "No instante em que comecei a fazer uma confissão confiante, firme, uma nova coragem, que eu nunca havia conhecido, tomou conta de mim".

Uma jovem mãe falou "Os meus lábios têm sido uma constante maldição. Nunca fui capaz de dominá-los".

Uma mulher disse um dia: "Sempre falo o que eu penso". Ela tem poucos amigos. As pessoas só vão visitá-la por pena. Os seus lábios têm sido sua maldição.

Se você tem a mente em Cristo, não é tão ruim falar o que pensa, mas enquanto sua mente for dominada pelo Diabo, poucas pessoas se importarão em ouvir sua mente.

Nunca tema o fracasso.

Nunca fale de derrota.

Nunca, nem por um instante, reconheça que a capacidade de Deus não pode levantar você.

Torne-se dirigido por uma "mente em que Deus está", lembrando que maior é aquele que está em você do que qualquer força que possa se lrvantar contra; lembre-se de que Deus criou o universo por meio de palavras; que as palavras são mais poderosas do que tanques ou bombas, mais poderosas do que o exército ou a marinha.

Aprenda a usar as palavras a fim de que ajam em seu favor e sejam suas servas.

Aprenda que os seus lábios podem fazer de você um milionário ou um miserável; desejado ou desprezado; vitorioso ou derrotado.

As suas palavras podem ser cheias de fé que agitará o céu e fará os homens o procurarem.

Lembre-se de que você pode encher suas palavras de amor para que elas alcancem o coração mais frio e aqueçam e curem os quebrantados e desanimados.

Em outras palavras, as suas palavras podem se tornar o que você deseja que elas sejam.

Você pode fazê-las rimar. Você pode enchê-las de ritmo.

Você pode enchê-las de ódio, veneno; ou você pode fazê-las exalar a fragrância do céu.

Agora você consegue ver o que sua confissão pode significar para o seu próprio coração.

A sua fé nunca ultrapassará as palavras de seus lábios.

Pior do que pensar uma coisa é dizê-la. Os pensamentos podem vir e insistir em ficar, mas se você se recusar a proferi-los em palavras, eles morrerão antes de nascer.

Cultive o hábito de pensar grandes coisas e então aprenda a usar as palavras que reagirão em seu espírito e farão de você um vencedor.

As confissões de Jesus provaram ser realidades. As confissões de fé criam realidades.

Jesus confessou que era a luz do mundo. E Ele era. A rejeição a Jesus mergulhou o mundo em uma nova escuridão.

Ele disse que era o pão do céu, e é verdade. As pessoas que se alimentaram de suas palavras nunca mais passaram necessidade.

As palavras dele edificam a fé, à medida que agimos com base nelas, permitindo que vivam em nós.

15. A REALIZAÇÃO ACOMPANHA A DECLARAÇÃO

As palavras de Jesus eram cheias dele mesmo; à medida que agimos com base nelas, elas nos enchem de Cristo.

As palavras dele alimentam a fé e a fazem crescer em poder em nós.

As palavras do crente devem nascer do amor e ser cheias de amor.

Os nossos lábios estão assumindo o lugar dos lábios de Jesus.

As nossas palavras não deveriam nunca ferir ou magoar, mas abençoar e curar.

Jesus é o caminho, a verdade e a vida.

Estamos assumindo o lugar dele, mostrando o caminho, confessando a verdade e usufruindo a vida.

Você nunca desfrutará daquilo que você é em Cristo, a menos que o amor dele governe os seus lábios.

16

NÃO DIGA: "NÃO SOU CAPAZ", QUANDO DEUS DIZ: "VOCÊ É CAPAZ"

Não diga: "Não consigo". A expressão "Não consigo" não está em nenhum lugar da Bíblia. Fale a língua de Deus. Diga o que sua Palavra diz. Fique em sintonia com o céu, afirmando a Palavra de Deus. Concorde com Deus ao concordar com sua Palavra.

Não diga: "Não posso receber a minha cura". Corajosamente fale: "*Posso* receber a minha cura porque pelas suas feridas fui curado. *Posso* receber a minha cura porque Jesus disse que eles imporão as mãos sobre os doentes e ficarão curados; mãos foram impostas sobre mim, portanto, estou me recuperando".

Não diga: "Não consigo pagar as minhas contas". Em vez disso, declare enfaticamente: "*Consigo* pagar as minhas contas, porque o meu Deus suprirá todas as minhas necessidades de acordo com as suas riquezas em glória por Cristo Jesus. Tenho honrado o Senhor pagando os meus dízimos e dando ofertas em seu nome, e Ele diz que abrirá as janelas do céu e derramará bênçãos transbordantes e repreenderá o devorador. *Posso* pagar minhas contas, porque o meu Deus provê o dinheiro para o suprimento de todas as necessidades de minha vida".

Não diga: "Não sou capaz de testemunhar com poder. Sou fraco e anêmico como cristão e no meu testemunho". Derrote esse tipo de declaração negativa afirmando: "*Sou capaz* de testemunhar com poder porque recebi o Espírito Santo em minha vida e Jesus disse que eu teria poder quando recebesse a poderosa presença do Espírito Santo. *Posso* dar o meu testemunho de Cristo, a mensagem de sua salvação com grande eficácia porque estou capacitado pelo poderoso Espírito Santo que desceu do céu".

Não diga: "Não consigo obter resposta às minhas orações". Esse tipo de expressão fechará os céus para sua vida. Com segurança, declare: "*Consigo* receber resposta às minhas orações porque Jesus disse que tudo o que eu pedisse ao Pai em seu nome, Ele daria a mim. *Posso* receber respostas poderosas de Deus, porque Ele prometeu que se eu clamasse, Ele me responderia e me mostraria coisas grandes e poderosas. Sei que *posso* obter resposta às minhas orações porque essa é a confiança que tenho nele, que tudo que pedir, receberei porque guardo os seus mandamentos e faço o que é agradável aos seus olhos".

Não diga: "Não consigo ver os meus entes queridos ganhos para Jesus Cristo". Isso é uma mentira do Diabo e proferir essas palavras é dar lugar ao Diabo. Concorde com a promessa de Deus e declare-a: "*Sou capaz* de ver os meus entes queridos todos ganhos para Jesus Cristo, porque Deus prometeu que, se eu crer no Senhor Jesus Cristo, não somente eu seria salvo, mas também, por meio da fé, toda a minha casa será salva. Nunca temerei que os meus queridos se percam no inferno por toda a eternidade. *Posso* ver todos os meus amados salvos porque sou instrumento de Deus para crer na salvação deles".

Não diga: "Não consigo vencer a obesidade". Descubra a capacidade de Cristo, dizendo: "*Consigo* resistir aos alimentos gordurosos e calóricos. Por meio da presença de Cristo, sou capaz de evitar comidas altamente calóricas. *Posso*, pela graça de Cristo, deixar de comer compulsivamente e passar a comer com moderação, temperança, pois o meu estômago não será o meu deus. Aleluia! descobri o segredo: *Sou capaz* de vencer minha miserável condição de sobrepeso por meio de Jesus Cristo, que é a minha força e a minha suficiência".

17

O VALOR DA DECLARAÇÃO

A realização só acontece após a declaração.
Andamos à luz de nosso testemunho.
A palavra se torna real somente quando confessamos sua realidade.
Satanás teme o nosso testemunho. Se você declarar algo com a sua boca, causará uma reação em seu espírito ou coração.
Declaramos que estamos em Cristo, e depois agimos segundo a nossa confissão.
Se declaramos os nossos medos, eles nos dominam.
Se declaramos o domínio da doença, ela toma posse de nossos corpos mais plenamente.
Se declaramos a nossa liberdade, que o Filho nos libertou, Deus torna essa confissão realidade.
Quando percebemos que Jesus enfrentou a derrota e a venceu, e ousamos fazer essa confissão, a derrota e o fracasso perdem o domínio sobre nós.
Ter pensamentos de fé e falar palavras de fé transporta o coração da derrota para a vitória.
Quando declaramos sua Palavra, Ele zela para cumpri-la, mas não há ação da parte de Deus sem a nossa confissão.
O cristianismo é chamado "a grande confissão".
Em Hebreus 3.1 está escrito: "Fixem os seus pensamentos em Jesus, apóstolo e sumo sacerdote que confessamos".

17. O VALOR DA DECLARAÇÃO

Hebreus 4.14 diz: "Portanto, visto que temos um grande sumo sacerdote que adentrou os céus, Jesus, o Filho de Deus, apeguemo-nos com toda a firmeza à fé que professamos".

Qual é a declaração a que devemos nos apegar com toda a firmeza? Que nele temos perfeita redenção.

Em Colossenses 1.13-14 lemos: "Pois ele nos resgatou do domínio das trevas e nos transportou para o Reino do seu Filho amado, em quem temos a redenção, a saber, o perdão dos pecados".

Essa redenção jamais se torna uma realidade a menos que a confessemos; poucos parecem entender esse fato.

Em face de aparente derrota, confessamos nossa redenção e livramento e isso se torna uma realidade.

Nós não pedimos a redenção; agradecemos a Deus por ela.

Essa redenção foi concedida de acordo com 1Pedro 1.18-19: "Pois vocês sabem que não foi por meio de coisas perecíveis como prata ou ouro que vocês foram redimidos da sua maneira vazia de viver, transmitida por seus antepassados, mas pelo precioso sangue de Cristo, como de um cordeiro sem mancha e sem defeito". Isso não é uma promessa, é um fato.

Em Efésios 2.10 declaramos que somos nova criação, criados em Cristo Jesus: "Porque somos criação de Deus realizada em Cristo Jesus para fazermos boas obras, as quais Deus preparou antes para nós as praticarmos".

Em 2Coríntios 5.17-18 ousamos dizer: "Portanto, se alguém está em Cristo, é nova criação. As coisas antigas já passaram; eis que surgiram coisas novas! Tudo isso provém de Deus, que nos reconciliou consigo mesmo por meio de Cristo".

Sabemos que não somente fomos redimidos e feitos novas criaturas, mas também fomos reconciliados. Ousamos confessar isso perante o mundo.

Confessamos nossa redenção, pela qual fomos tirados da mão de Satanás, que é incapaz de colocar doença em nós e nos manter em cativeiro.

Apocalipse 12.11 diz: "Eles o venceram pelo sangue do Cordeiro e pela palavra do testemunho que deram". A palavra aqui é *logos*. Eles venceram o adversário por causa do sangue do Cordeiro e por causa do *logos* que estava em seu testemunho. Eles descansaram na integridade da Palavra.

Ousaram confessar que o que Deus diz é verdade.

Em Romanos 4.25 está escrito: "Ele foi entregue à morte por nossos pecados e ressuscitado para nossa justificação".

Romanos 5.1 diz: "Tendo sido, pois, justificados pela fé, temos paz com Deus, por nosso Senhor Jesus Cristo".

Assim, ouse declarar que isso é verdade agora.

Confesse sua justiça em Cristo.

Somos agora a justiça de Deus em Cristo.

Ousamos declarar isso diante do mundo.

Ousamos confessar que Deus, o próprio Deus, se tornou nossa justiça (Rm 3.26).

Por meio do novo nascimento e do Espírito, nos tornamos justiça de Deus nele. "Deus tornou pecado por nós aquele que não tinha pecado, para que nele nos tornássemos justiça de Deus" (2Co 5.21).

Essa é a declaração do próprio Deus de quem somos agora; não do que queremos ser, mas do que Deus já nos tornou.

1Pedro 2.24 declara que fomos curados: "Ele mesmo levou em seu corpo os nossos pecados sobre o madeiro, a fim de que vivêssemos para a justiça; por suas feridas vocês foram curados".

A obra está completa.

Não é um problema de alcançar a cura, nem um problema de fé. É um problema da integridade da Palavra de Deus.

Podemos confiar nessa Palavra?

Jeremias 1.12 diz: "Estou vigiando para que a minha palavra se cumpra".

Nossa confissão deve ser uma confissão da absoluta fidelidade da Palavra, de sua obra completa, e da realidade de nosso relacionamento como filhos e filhas.

As nossas palavras determinam a nossa fé.

As nossas palavras são a nossa confissão.

Se continuamente eu confessar necessidade é porque creio na necessidade; minha confissão certamente se tornará realidade.

Confesso as coisas em que creio.

Se eu creio no fracasso e na fraqueza, é isso que vou confessar.

Viverei ao nível da minha confissão.

Se eu ousar dizer que o Salmo 34.10 é verdade, "Mas os que buscam o Senhor de nada têm falta", e me posicionar na minha confissão, Deus me fará todo o bem que confessei.

O Salmo 84.11-12 diz: "Não recusa nenhum bem aos que vivem com integridade. Ó Senhor dos Exércitos, como é feliz aquele que em ti confia!".

Ouso declarar Provérbios 3.5-6: "Confie no Senhor de todo o seu coração e não se apóie em seu próprio entendimento; reconheça o Senhor em todos os seus caminhos, e ele endireitará as suas veredas".

Isso é orientação.

É não somente livramento de adversidades, mas orientação para andar na sua vontade, nos caminhos de abundância.

Filipenses 4.19 passa a ser a canção do meu coração: "O meu Deus suprirá todas as necessidades de vocês, de acordo com as suas gloriosas riquezas em Cristo Jesus".

Que declaração é essa! O coração se enche de força.

Em Isaías 54.17 está escrito: "'Nenhuma arma forjada contra você prevalecerá, e você refutará toda língua que a acusar. Esta é a herança dos servos do Senhor, e esta é a defesa que faço do nome deles', declara o Senhor".

Deus se comprometeu a ficar do lado dos seus e protegê-los. Ele não pode falhar.

No Salmo 118.6 vemos: "O Senhor está comigo, não temerei. O que me podem fazer os homens?".

Isaías 41.10 diz: "Por isso não tema, pois estou com você; não tenha medo, pois sou o seu Deus. Eu o fortalecerei e o ajudarei; eu o segurarei com a minha mão direita vitoriosa".

Essa é a promessa de Deus e ouso confessá-la perante o mundo.

Que declaração é essa!

Deus me diz pessoalmente: "Não tema, filho, estou com você. Não se assuste; eu sou o seu Deus".

Ele era o Deus de Israel. Você se lembra do que aconteceu ao Faraó, ao Egito e aos filisteus? (Êx 14.21-31; 1Sm 14).

Você se lembra do que aconteceu a todas as nações que puseram as mãos em Israel enquanto eles guardavam a aliança?

Em 1Crônicas 16.22 está escrito: "Não maltratem os meus ungidos".

Ele cuidará de nós assim como cuidou deles. Ele será o nosso protetor e refúgio.

Jesus disse que a fé venceria. A fé venceu. Somos testemunhas dessa realidade tremenda.

A Bíblia é a confissão de Deus. Quanto mais eu a leio, mais essa grande verdade ofusca tudo, de Gênesis a Apocalipse.

É uma confissão contínua de sua grandeza, capacidade, poder, amor e de seu grande coração de Pai.

À medida que você vê Jesus nos quatro Evangelhos, Ele está continuamente fazendo confissões.

Ele é o supremo pastor; Ele é a luz do mundo.

Em João 10.11 está escrito: "Eu sou o bom pastor. O bom pastor dá a sua vida pelas ovelhas".

João 8.12 diz: "Eu sou a luz do mundo. Quem me segue, nunca andará em trevas, mas terá a luz da vida".

Ele disse em João 14.6: "Eu sou o caminho, a verdade e a vida".

Em João 11.25 vemos: "Eu sou a ressurreição e a vida".

Em João 6.35: "Eu sou o pão da vida".

Essas são confissões tremendas.

Em João 10.29 está escrito: "Meu Pai, que as deu para mim, é maior do que todos; ninguém as pode arrancar da mão de meu Pai".

A confissão de Jesus o levou direto ao Calvário.

João 5.18 diz: "Por essa razão, os judeus mais ainda queriam matá-lo, pois não somente estava violando o sábado, mas também estava dizendo que Deus era seu próprio Pai, igualando-se a Deus".

As declarações corajosas de homens ao longo das eras nos deram os nossos mártires.

A fé dá coragem à confissão e a confissão dá ousadia à fé.

17. O VALOR DA DECLARAÇÃO

Sua declaração o fortifica, dá a você o seu lugar, define sua posição.

Sabemos o que você é. Se você ficar em silêncio, não podemos colocá-lo em posição.

A declaração o cura ou o mantém doente.

Por sua declaração você está salvo ou perdido.

Por sua declaração você tem abundância ou falta.

Por sua declaração você é fraco ou forte.

Você é o que confessa com os seus lábios, e o que crê no seu coração.

A sua declaração de fracasso o mantém na esfera do fracasso.

A sua declaração da capacidade de Deus em sua situação, põe você no alto.

Provérbios 6.2 adverte: "E caiu na armadilha das palavras que você mesmo disse, está prisioneiro do que falou".

Ficamos presos em nossa declaração ou somos liberados pelas palavras de nossa confissão.

Faça sua declaração sintonizar-se com a Palavra de Deus.

Ela não irá sintonizar-se com o conhecimento dos sentidos. Não tente fazer isso.

O conhecimento dos sentidos chama essa confissão de presunção ou fanatismo, mas Deus a chama de fé e a honra.

Hebreus 11.1 diz: "Ora, a fé é a certeza daquilo que esperamos e a prova das coisas que não vemos". Deus fez tudo o que pode ser feito por nós.

Ele diz que a sua redenção é completa.

Você confessa que ela está terminada, assumindo seu lugar, chamando a você mesmo pelo nome que Ele lhe chama, tomando posse de tudo que a Palavra diz que é seu.

Você agora declara que tudo o que Deus falou a seu respeito é verdade.

Em João 8.32,36 está escrito: "E conhecerão a verdade, e a verdade os libertará". "Portanto, se o Filho os libertar, vocês de fato serão livres".

A verdade irá libertá-lo. Você declara que quem o Filho libertou, é livre de verdade, que o pecado não pode mais dominá-lo, que a doença e a enfermidade não podem mais dominar você.

Romanos 6.14 diz: "Pois o pecado não os dominará" ou "não será senhor de vocês".

A preocupação e a ansiedade não podem dominar você. O domínio de Satanás está terminado.

Você está completo nele.

Poucos de nós percebemos o poder da Palavra dele em nossos lábios.

Ele disse em Marcos 16.18 que aqueles que crerem, "imporão as mãos sobre os doentes, e estes ficarão curados".

João 14.13 afirma: "E eu farei o que vocês pedirem em meu nome".

Atos 3 aborda a história do nome nos lábios de Pedro. Ele disse: "Olhe para nós! ... em nome de Jesus Cristo, o Nazareno, ande".

Se você não usar o nome, o nome não pode fazer nada.

Mas se você usar o nome, será como o nome do Pai nos lábios de Jesus.

Em Atos 4.18-37 somos lembrados de como o lugar foi abalado por causa do nome de Jesus.

O verso 18 diz: "Então, chamando-os novamente, ordenaram-lhes que não falassem nem ensinassem em nome de Jesus".

O nome nos lábios deles abalou Jerusalém desde os alicerces.

Atos 16.16-18 mostra o poder do nome nos lábios de Paulo.

Ele disse: "Em nome de Jesus Cristo eu lhe ordeno que saia dela!". Ela foi curada e liberta.

Em João 15.7 está escrito: "Se vocês permanecerem em mim, e as minhas palavras permanecerem em vocês, pedirão o que quiserem, e lhes será concedido".

A Palavra em seus lábios não somente liberta você, mas liberta a outros.

A Palavra em seus lábios cura os doentes.

A Palavra em seus lábios cria fé nos corações daqueles que o ouvirem.

A Palavra em seus lábios muda a vida das pessoas, à medida que o ouvirem.

A própria vida de Deus está nessas palavras.
A Bíblia é a Palavra de Deus.
Nos lábios de amor e fé toda Palavra é cheia de Deus.
Nossa conversa diária é a "grande confissão".
Confessamos Cristo diante do mundo.
Confessamos a plenitude de sua graça.
Confessamos a integridade da revelação.

Nossa primeira confissão é Romanos 10.9-10: "Se você confessar com a sua boca que Jesus é Senhor e crer em seu coração que Deus o ressuscitou dentre os mortos, será salvo. Pois com o coração se crê para justiça, e com a boca se confessa para salvação".

Temos achado a perfeita redenção. E nós a confessamos ao mundo.

Em Atos 10.36, Pedro diz: "Jesus Cristo, Senhor de todos". Como isso emociona o coração!

Ele é o Senhor dos três mundos: céu, terra e inferno.

Todo joelho se dobrará a esse nome.

Com alegria, confessamos o Salmo 23.1: "O Senhor é o meu pastor; de nada terei falta".

Jeremias 16.19 afirma: "Senhor, minha força e minha fortaleza, meu abrigo seguro na hora da adversidade".

Filipenses 4.13 diz: "Tudo posso naquele que me fortalece".

Eu digo ao mundo: "O Senhor Jesus é a minha provisão. Ele é o meu pastor; não tenho falta de nada".

Há um grave perigo em fazer uma confissão errada, uma declaração errada.

Declaramos nossos medos e dúvidas. Isso dá a Satanás o domínio.

Declaramos nossa doença e essa confissão amarra a nossa vontade como um cativo e nos mantém em total escravidão.

Declaramos necessidade e falta de dinheiro, e a necessidade vem como um homem armado e nos prende em cativeiro.

Declaramos falta de capacidade diante do fato que Deus disse ser a força da nossa vida.

Essas confissões de fracasso expulsam o Pai e deixam Satanás entrar; dão a ele o direito de ir e vir.

Essas confissões repudiam a Palavra de Deus e honram a Satanás.
O que devemos declarar?
Salmo 23.1: "O Senhor é o meu pastor; de nada terei falta".
Você não está mais com medo e confessa isso.
João 10.29: "Meu Pai (...) é maior do que todos".
As nossas palavras nos aprisionam ou nos libertam. Elas nos colocam em cativeiro, tirando a nossa liberdade em Cristo.
Malaquias 3.13: "'Vocês têm dito palavras duras contra mim', diz o Senhor".
É nesse momento que as nossas palavras entram em guerra com a Palavra de Deus.
Certo dia, uma mulher veio falar comigo. Ela disse: "Sr. Kenyon, tenho orado, mas não obtenho nenhum livramento". A palavra dela contradizia a Palavra de Deus.
A Palavra diz: "Se você pedir qualquer coisa ao Pai, em meu nome, Ele dará".
Marcos 16.17-18 afirma: "Os que crerem (...) imporão as mãos sobre os doentes, e estes ficarão curados".
Ela repudiara isso; negara que a Palavra era verdade. As palavras daquela mulher estavam guerreando contra a Palavra de Deus.
Inconscientemente, ela havia assumido uma atitude mental que era contrária à Palavra.
Ela não tinha intenção, mas havia feito isso.
A própria atitude dela a mantinha em cativeiro.
À medida que eu falava com ela, pude ver que não estava recebendo o que eu dizia.
Quando orei, ela foi liberta da dor, mas a queixa não abandonou sua voz. Não havia confissão de vitória em seus lábios.
Há também o perigo de uma confissão intelectual, um mero assentimento mental.
O assentimento mental reconhece a fidedignidade da Palavra, mas nunca age com base nela.
Essa confissão é: "Sim, claro, há cura na Palavra. Há salvação e livramento na Palavra, mas...".

17. O VALOR DA DECLARAÇÃO

A fé, por outro lado, confessa alegremente a vitória. Sua alegria é uma celebração; é um triunfo sobre os sentidos e o que eles dizem.

A fé dá uma sensação de segurança, de certeza plena, de quietude. E quando isso irrompe em confissão, se torna realidade.

O coração deve estar enraizado e fundamentado na Palavra e no amor.

Atos 19.20 diz: "Dessa maneira a palavra do Senhor muito se difundia e se fortalecia".

A fé é simplesmente a Palavra prevalecendo contra as evidências dos sentidos.

Atos 20.32 ilustra isso de forma contundente. "Agora, eu os entrego a Deus e à palavra da sua graça, que pode edificá-los e dar-lhes herança entre todos os que são santificados".

É a Palavra que sustenta; é a Palavra que edifica.

É a Palavra da sua graça que edifica a fé no coração do crente.

A confissão de Jesus exige atenção mais cuidadosa.

Em João 5.19-20 há dez declarações de Jesus. Todas elas o colocam na posição de Divindade. Leia-as cuidadosamente. Destaque-as em sua Bíblia.

João 5.43 diz: "Eu vim em nome de meu Pai".

João 5.46 afirma: "Se vocês cressem em Moisés, creriam em mim".

Em João 6.35 Jesus diz: "Eu sou o pão da vida. Aquele que vem a mim nunca terá fome; aquele que crê em mim nunca terá sede".

Essa é uma tremenda confissão!

Em João 6.47,51 Ele fala: "Aquele que crê tem a vida eterna (...) Eu sou o pão vivo que desceu do céu".

Em João 7.29 está escrito: "Mas eu o conheço porque venho da parte dele, e ele me enviou".

Em João 8.29 Ele diz: "Sempre faço o que lhe agrada".

Em João 10.10 temos: "Eu vim para que tenham vida, e a tenham plenamente".

Em João 10.30 Ele fala: "Eu e o Pai somos um".

Em João 11.25 Jesus afirma: "Eu sou a ressurreição e a vida. Aquele que crê em mim, ainda que morra, viverá".

Essas são algumas de suas declarações. Será que nós ousamos confessar o que somos em Cristo e o que temos em Cristo?

Ousamos declarar João 1.16? "Todos recebemos da sua plenitude, graça sobre graça".

Recebemos sua plenitude, mas isso não nos serviu de nada porque falhamos em traduzi-la em uma confissão.

Todo crente sabe que Deus levou suas doenças em Jesus; no entanto, tem medo de fazer a confissão e agir com base na Palavra.

Esse medo vem do adversário. Mostra que temos mais confiança no adversário do que na Palavra de Deus.

Declaramos que o que Ele diz é verdade.

Então, demonstramos isso em nossa vida diária.

Não há confissão na vida de muitas pessoas.

Há muita oração, mas nenhuma confissão de que a Palavra é verdade. Não é de oração que muitos precisam, mas da confissão da Palavra.

Não quero dizer confissão de pecado.

Uma mulher disse recentemente, depois de eu ter orado e explicado a Palavra: "Você vai continuar orando por minha saúde, não vai?".

A sua declaração foi de que a Palavra era mentira.

Você deve confessar que é capaz de fazer o que Deus diz que você é capaz, que você é o que a Palavra diz que é.

Ele diz que você é uma nova criação, criado em Cristo Jesus.

Ele diz que você é mais que vencedor; que você é vitorioso.

Ele o fez para ser filho ou filha do Deus Todo-Poderoso, herdeiro de Deus e co-herdeiro de Jesus Cristo.

Você pode fazer todas as coisas naquele que é a sua força (Fp 4.13).

O que Ele diz que eu posso fazer, declaro que posso fazer.

O que Ele diz que eu sou, declaro que eu sou.

Faço minha confissão corajosamente.

Você faz sua confissão: "Deus é meu Pai: sou seu filho. Como filho, faço parte de sua família, e estou assumindo o meu lugar. Estou fazendo o meu papel. Estou em Cristo. Cristo está em mim".

Você se lembra que o Pai será para você o que você declarar que Ele é.

Se a oração não for respondida, apegue-se com firmeza à sua confissão.

Se o nome de Jesus não lhe der livramento instantâneo, apegue-se com firmeza à sua confissão.

Se o dinheiro não chegar, fique firme em sua declaração.

Lucas 1.37 afirma: "Pois nada é impossível para Deus".

Isaías 55.11 diz: A Palavra deve cumprir a vontade do Pai. "Assim também ocorre com a palavra que sai da minha boca: ela não voltará para mim vazia, mas fará o que desejo e atingirá o propósito para o qual a enviei".

Há um perigo em orar e depois voltar para a mesma oração.

Quando você ora por alguma necessidade, e declara que a necessidade ainda não foi suprida, você repudia sua oração.

Mas a oração é respondida.

A Palavra de Deus é real.

Não anule a Palavra por meio de uma declaração negativa.

Isaías 41.10 diz: "Por isso não tema, pois estou com você; não tenha medo, pois sou o seu Deus. Eu o fortalecerei e o ajudarei; eu o segurarei com a minha mão direita vitoriosa".

18

O QUE EU NÃO SOU

Não estou doente porque "o meu Senhor cura todas as minhas doenças" (Sl 103.3).

Não estou preso porque "o Filho me libertou" (Jo 8.36).

Não sou derrotado porque "sou mais que vencedor, por meio daquele que me amou" (Rm 8.37).

Não sou fraco porque "O Senhor dá força ao seu povo" (Sl 29.11).

Não estou sem poder porque "mas receberão poder quando o Espírito Santo descer sobre vocês" (At 1.8).

Não estou sem paz porque "tendo sido, pois, justificados pela fé, temos paz com Deus, por nosso Senhor Jesus Cristo" (Rm 5.1).

Não tenho falta de nada porque "não recusa nenhum bem aos que vivem com integridade" (Sl 84.11).

Não sou dominado por nenhuma obra maligna porque "o Senhor me livrará de toda obra maligna" (2Tm 4.18).

Não tenho medo de nenhuma praga porque "nenhum mal o atingirá, desgraça alguma chegará à sua tenda" (Sl 91.10).

Não estou fugindo do Diabo porque estou "resistindo ao Diabo e ele está fugindo de mim" (Tg 4.7).

Não estou sem despertamento diário porque "aquele que ressuscitou a Cristo dentre os mortos também dará vida a seus corpos mortais, por meio do seu Espírito, que habita em vocês" (Rm 8.11).

18. O QUE EU NÃO SOU

Não estou acorrentado pelo pecado, por demônios ou pelo medo; "Que o seu Deus, a quem você serve continuamente, o livre!" (Dn 6.16).

Não estou perdendo a batalha porque "o Senhor lutará por vocês; tão somente acalmem-se" (Êx 14.14).

Não estou sem alegria; "para que a minha alegria esteja em vocês e a alegria de vocês seja completa" (Jo 15.11).

Não falharei em ver a Deus; "bem-aventurados os puros de coração pois verão a Deus" (Mt 5.8).

Não sou oprimido por cuidados, necessidades ou problemas; estou "lançando sobre ele toda a minha ansiedade, porque Ele tem cuidado de mim" (1Pe 5.7).

19

DECLARAÇÃO ERRADA

Outro inimigo perigoso e persistente é a declaração errada. O que quero dizer com declaração errada?

Você já sabe que o cristianismo é "a grande confissão". Romanos 10.9: "Se você confessar com a sua boca que Jesus é Senhor e crer em seu coração que Deus o ressuscitou dentre os mortos, será salvo".

Perceba que é uma confissão feita com seus lábios. (Sempre que a palavra "confissão" é usada, inconscientemente pensamos em pecado. Mas, aqui, não se trata de confissão de pecado. É uma confissão de que sabemos que o Filho de Deus morreu por nossos pecados de acordo com as Escrituras, e que ao terceiro dia Ele ressuscitou.)

Agora, com a minha boca faço confissão do senhorio daquele que foi ressuscitado. Não somente faço isso, mas com o meu coração aceitei sua justiça e faço confissão de minha salvação.

Veja que não existe salvação sem confissão. Assim, Hebreus 3.1 fica claro: "Portanto, santos irmãos, participantes do chamado celestial, fixem os seus pensamentos em Jesus, apóstolo e sumo sacerdote que confessamos".

Veja, o cristianismo é a nossa confissão. Hebreus 4.14 diz: "Apeguemo-nos com toda a firmeza à fé que professamos".

O que é essa fé que professamos (nossa confissão)? Ora, que Deus é nosso Pai, que nós somos seus filhos, estamos em sua família.

É a declaração de que nosso Pai conhece nossas necessidades e providenciou meios para que cada uma delas seja suprida. É a declaração da obra completa de Cristo, do que eu sou nele e do que Ele é em mim. É a declaração de que "maior é aquele que está em mim do que aquele que está no mundo". É a minha declaração de que o meu Deus supre cada necessidade minha, de acordo com as suas riquezas em glória. É a minha declaração de que quando oro, o Pai ouve a minha oração e me responde.

Essa é uma confissão múltipla.

Se eu estiver doente, mantenho minha declaração de que "por suas feridas fui curado". Se eu estiver fraco, insisto nessa declaração de que Deus é agora "a força da minha vida" e que posso todas as coisas naquele que está me capacitando com seu próprio poder.

Se for um problema de sabedoria, confesso que Jesus foi feito sabedoria de Deus para mim.

Alguns "Não faça"

Não tente acreditar, apenas aja com base na Palavra.

Não tenha uma declaração dupla, de modo que num momento você confessa: "Sim, Ele ouviu minha oração; estou curado" ou "Vou conseguir o dinheiro" e, depois, começa a questionar como ele vai chegar ou o que você deve fazer para consegui-lo.

Sua última declaração destrói a oração e a fé.

Não confie na fé de outras pessoas – tenha a sua própria fé.

Creia você mesmo. Tenha sua própria fé, assim como você tem suas próprias roupas. Aja com base na Palavra, por você mesmo.

Não fale de dúvida ou descrença.

Nunca admita que você é um "incrédulo Tomé"; isso é um insulto ao seu Pai.

Não fale de doença e enfermidade.

Nunca fale de fracasso. Fale a respeito da Palavra, de sua absoluta integridade e fale de sua total confiança nela; de sua capacidade de agir com base nela; e mantenha-se firme à sua declaração da fidedignidade da Palavra.

20

O QUE VOCÊ É CAPAZ DE FAZER

O segredo dessa mensagem é declarar em voz alta cada afirmação. Torne-a pessoal. Então, você será um dos "usados por Deus", um cristão invencível que realmente faz as coisas acontecerem... por meio de Cristo que habita em você.

"Posso todas as coisas naquele que me fortalece" (Fp 4.13). A Bíblia é a Palavra de Deus. Quando Deus diz alguma coisa, Ele se compromete a cumprir. Posso fazer o que Deus diz que posso fazer!

Jesus disse: "Em meu nome expulsarão demônios (...) imporão as mãos sobre os doentes, e estes ficarão curados" (Mc 16.17-18). Sou capaz de fazer isso! Em seu nome posso expulsar demônios e ministrar cura aos doentes.

O Salmo 37.4 afirma: "Deleite-se no Senhor, e ele atenderá aos desejos do seu coração". Posso conseguir os desejos do meu coração porque estou me deleitando no Senhor!

Atos 1.8 diz: "Receberão poder quando o Espírito Santo descer sobre vocês, e serão minhas testemunhas". Posso testemunhar com poder porque tenho o Espírito Santo em minha vida!

Isaías 53.5 fala: "Pelas suas feridas fomos curados". Posso obter cura e saúde porque pelas suas feridas sou curado!

Em João 13.34 lemos: "Como eu os amei, vocês devem amar-se uns aos outros". Sou capaz de amar os outros como Jesus me amou porque o seu amor está derramado em meu coração. Eu amo com o amor de Jesus!

Em 1Coríntios 1.30 está escrito: "Cristo Jesus, o qual se tornou sabedoria de Deus para nós". Posso ter sabedoria divina em cada crise porque o próprio Cristo é a minha sabedoria.

Provérbios 28.1 aponta: "Os justos são corajosos como o leão". Posso ter a coragem de um leão porque fui justificado com a justiça de Jesus (Rm 10.10; 2Co 5.21).

Daniel 11.32 diz: "Mas o povo que conhece o seu Deus resistirá com firmeza". Posso fazer proezas porque conheço o meu Deus que me dá forças!

Em 2Pedro 1.3 vemos: "Seu divino poder nos deu tudo de que necessitamos para a vida e para a piedade". Posso desfrutar de *tudo* que é necessário para a vida e a piedade e posso todas as coisas em Cristo que me fortalece!

21

O QUE EU DECLARO, POSSUO

Demorou bastante para que eu conseguisse enxergar essa verdade. Depois que a enxerguei e pensei tê-la entendido, eu ainda não era capaz de agir com base nela.

O cristianismo é chamado "a grande confissão". A lei dessa declaração é que eu confesso ter alguma coisa antes de conscientemente possuí-la. Romanos 10.9-10 apresenta a lei para a entrada na família de fé: "Se você confessar com a sua boca que Jesus é Senhor e crer em seu coração que Deus o ressuscitou dentre os mortos, será salvo. Pois com o coração se crê para justiça, e com a boca se confessa para salvação".

Veja, com o coração o homem crê que Jesus é sua justiça e com os lábios faz confissão de sua salvação.

Observe que a confissão dos lábios vem antes de Deus agir sobre nossos espíritos e recriá-los.

Eu digo: "Jesus morreu por meus pecados, segundo as Escrituras, e eu agora o reconheço como meu Senhor"; e sei que, no momento em que o reconheço como meu Senhor, tenho a vida eterna.

Não posso ter a vida eterna a menos que declare que a tenho.

Declaro que tenho a salvação antes de Deus agir e me recriar.

A mesma coisa é verdade a respeito da cura. Declaro que "pelas suas feridas sou curado" e a doença ainda está em meu corpo.

Digo: "Certamente ele tomou minhas doenças e levou minhas dores e eu venho para reconhecê-lo como aquele que foi ferido e oprimido de Deus por minhas enfermidades e agora sei que pelas suas feridas fui curado" (tradução literal).

Faço a declaração de que "pelas suas feridas fui curado"; a doença e seus sintomas podem não sair do meu corpo imediatamente, mas eu me apego com firmeza à minha confissão.

Sei que o que Deus disse, Ele é capaz de cumprir.

Sei que fui curado porque Ele disse que eu fui curado. Não faz diferença se os sintomas ainda estão em meu corpo. Rio deles, e no nome de Jesus ordeno ao autor da doença que saia do meu corpo.

Ele está derrotado e eu sou vitorioso.

Aprendi a lei que diz: quando, e somente quando, declaro corajosamente, tomo posse.

Faço meus lábios cumprirem o trabalho deles. Dou à Palavra o lugar devido. Deus falou, e eu me posiciono com a Palavra.

Se me posiciono ao lado da enfermidade e da dor, não haverá cura para mim. Mas eu fico do lado da Palavra e repudio a doença e a enfermidade.

A minha declaração me dá a posse.

Quero que você atente para este fato: a fé é comandada pela nossa confissão. Se eu digo que tenho orado e estou esperando que Deus me cure, repudiei a minha cura.

A minha declaração deve ser a seguinte: a Palavra declara que fui curado e agradeço e louvo ao Pai por isso, porque é um fato.

Lembre-se de Filipenses 4.6-7: "Não andem ansiosos por coisa alguma, mas em tudo, pela oração e súplicas, e com ação de graças, apresentem seus pedidos a Deus. E a paz de Deus, que excede todo o entendimento, guardará o coração e a mente de vocês em Cristo Jesus".

Por que a oração deve ser feita com ação de graças? Com isso, digo que eu sei que já está tudo feito. Eu pedi algo, já o obtive, e por isso eu agradeço o Pai pela oração respondida.

O verso 7 diz: "E a paz de Deus, que excede todo o entendimento, encherá o meu coração".

Não estou mais preocupado. Eu já alcancei a bênção. Não *vou conseguir* o dinheiro de que preciso... eu *já tenho*. É tão real como se já estivesse na minha carteira. Não *vou conseguir* a minha cura... já *tenho* minha cura porque tenho a Palavra de Deus e o meu coração está cheio de êxtase.

A sua declaração resolve o problema.

Uma declaração errada impede a ação do Espírito em seu corpo. Uma declaração neutra é incredulidade. É tão ruim quanto uma declaração negativa.

É a declaração positiva, clara e direta que vence.

"Sei em quem tenho crido."

"Sei que nenhuma palavra que sai da boca de Deus volta vazia."

"Sei que Ele guarda a sua palavra para cumpri-la."

Essas são confissões de um vencedor.

Quero que você observe diversos fatos a respeito da relação entre declaração e fé.

A sua declaração é a sua fé. Se for uma declaração neutra, você tem uma fé neutra. Se for uma declaração negativa, a incredulidade está dominando o seu espírito.

A incredulidade cresce com a declaração negativa. Uma confissão de fracasso entroniza o fracasso.

Se eu declaro fraqueza, a fraqueza me domina. Se declaro minha doença, estou preso a ela.

Essas declarações negativas são um reconhecimento do domínio de Satanás no tabernáculo de Deus.

O seu espírito sempre responde à sua declaração.

A fé não é um produto da razão, mas do espírito recriado.

Quando você nasceu de novo, recebeu a natureza do Deus Pai. Essa natureza cresce em você por meio de sua ação com base na Palavra e de sua declaração do domínio perfeito do Pai em seu corpo, e ela faz com que o seu espírito cresça em graça e poder.

Lembre-se de que a sua declaração é sua atitude presente para com o Pai.

Em algumas duras provações que possam vir a você, sua declaração estará na esfera da fé ou da incredulidade. Sua confissão honra ao Pai ou a Satanás... dá a Satanás ou à Palavra o domínio de sua vida.

Agora você consegue enxergar o valor de apegar-se com firmeza à sua confissão.

Sua declaração faz de você um vencedor ou um derrotado. Você se levanta ou cai ao nível de sua confissão.

Aprenda a apegar-se firmemente à sua declaração nos momentos difíceis.

João 8.36 diz: "Se o Filho os libertar, vocês de fato serão livres". O Filho o libertou, agora permaneça firme nessa liberdade.

Gálatas 5.1 é de vital importância para todo crente. "Foi para a liberdade que Cristo nos libertou. Portanto, permaneçam firmes".

O momento de fazer sua confissão é quando Satanás o ataca. Você sente a dor chegando ao seu corpo. Você a repudia. Você ordena-lhe que saia em nome de Jesus.

Romanos 8.31-37 afirma: "Se Deus é por nós, quem será contra nós?". O seu Pai é por você.

A doença não pode derrotá-lo, nem o causador da doença. As circunstâncias não podem dominar você, porque o Pai e Jesus são maiores do que qualquer circunstância.

Você aprendeu a se alegrar em sua contínua vitória, qualquer que seja a circunstância ou condição em que você esteja.

Você sabe que 1João 4.4 é verdade. "Filhinhos, vocês são de Deus e os venceram".

Observe quem você é. "Você é de Deus". "Você nasceu de Deus". "Você foi gerado por Ele e da vontade dele você veio a existir por meio da Palavra".

O restante do versículo diz: "Aquele que está em vocês é maior do que aquele que está no mundo".

"Pois é Deus quem efetua em vocês tanto o querer quanto o realizar, de acordo com a boa vontade dele".

Filipenses 2.13 tem sido a minha vitória muitas, e muitas vezes.

Agora, abra em Romanos 8.11: "E se o Espírito daquele que ressuscitou Jesus dentre os mortos habita em vocês, aquele que ressuscitou a Cristo dentre os mortos também dará vida a seus corpos mortais, por meio do seu Espírito, que habita em vocês".

Você deve reconhecer esse fato. Tudo é seu pela declaração, ou tudo está perdido por uma declaração negativa. Você alcança o melhor que Deus tem pela sua declaração.

O segredo da fé é o segredo da declaração.

A fé se apega à confissão de que a pessoa tem aquilo que deseja antes de obter de fato.

A fé do conhecimento dos sentidos declara que a pessoa está curada somente quando a dor vai embora e o inchaço diminui. Na verdade, não há fé nenhuma nisso.

A fé declara que você está curado enquanto a dor ainda está arruinando seu corpo.

Vou declarar novamente: a posse vem com a declaração. A posse permanece com a declaração contínua.

Você confessa o que tem e agradece ao Pai por isso... depois vem a concretização.

Lembre-se: a confissão com ação de graças sempre traz a concretização.

A declaração é a melodia da fé.

A declaração antes da concretização é tolice aos olhos do conhecimento que vem dos sentidos.

A fé de Abraão era contrária às evidências dos sentidos. Ele se fortaleceu, dando glória a Deus, sabendo que o que Deus prometera, cumpriria.

O conhecimento dos sentidos não tem fé verdadeira na Palavra.

João 17.23 diz: "Para que o mundo saiba que tu me enviaste, e os amaste como igualmente me amaste".

22

O BEM QUE TENHO EM CRISTO

"Oro para que a comunhão que procede da sua fé seja eficaz no pleno conhecimento de todo o bem que temos em Cristo."

Filemom 6

Deus me mostrou um grande segredo da fé: a minha fé se torna mais eficaz (obtém coisas de Deus) quando reconheço todo o bem que tenho em Cristo Jesus.

Reconhecer é declarar ou afirmar o bem que tenho em Cristo Jesus. Isso concorda com Romanos 10.10: "Eu possuo aquilo que confesso".

Reconheço que tenho esse bem, não por meio de meus próprios feitos, mas pela obra de Cristo Jesus. "Tudo é meu em Cristo." "Recebi da sua plenitude."

Uma das armas sutis do Diabo, que eu não ignoro, para que ele não tenha vantagem sobre mim, é fazer com que eu concentre a atenção em meus pecados do passado, em meus fracassos, minhas fraquezas e erros. Eu resisto ao Diabo e ele foge de mim; eu o derroto usando a arma "assim diz o Senhor".

A minha fé incendeia quando reconheço todo o bem que tenho em Cristo Jesus. Tomo posse de tudo que é meu em Cristo. O que devo reconhecer? Que sou quem Deus diz que sou. Que tenho o que Deus diz que eu tenho. Que posso fazer o que Deus diz que posso fazer!

Sei que fico no nível da minha declaração. Se for uma declaração negativa, em que reconheço somente o que é mau, em vez de "todo o bem que tenho em Cristo", fico no nível da derrota, do fracasso, da fraqueza e da perda. Recuso-me a fazer isso! Reconheço todo o *bem* que possuo em Cristo e, portanto, a minha fé é dinâmica, eficaz, fervorosa, e obtém coisas de Deus!

Tenho uma fé eficaz agora porque reconheço que possuo todo bem em Cristo Jesus!

Aleluia!

23

ALGUNS FATOS
SOBRE AFIRMAÇÕES

Uma afirmação é a declaração de um fato ou de um suposto fato.

A fé e a incredulidade crescem a partir de afirmações. A afirmação de uma dúvida gera incredulidade. Uma afirmação de fé gera força para acreditar ainda mais.

Quando você afirma que a Palavra de Deus não pode ser invalidada, você declara que a Palavra e Deus são um; quando você confia na Palavra, está confiando em Deus, o Pai.

Você afirma ao seu próprio coração que por trás da Palavra está o trono de Deus, que o caráter de Deus e sua Palavra estão entrelaçados como num mesmo tecido.

Abraão confiou que Deus era capaz de cumprir tudo o que prometera.

Deus cumpriu sua promessa a Abraão. O espantoso é que Ele tomou um homem com cem anos de idade e renovou seu corpo, fazendo-o jovem de novo. Ele pegou uma mulher de noventa anos e a tornou jovem, bonita e atraente a ponto de um rei apaixonar-se por ela.

Sara deu à luz um lindo menino depois dos noventa anos de idade.

A dúvida fez parte da vida dela. Ela verbalizou uma descrença em uma afirmação e o anjo a ouviu e a repreendeu (Gn 18.12). Ela recuou com medo do anjo, visto que a descrença sempre nos faz recuar.

Quando você constantemente afirma que "Jesus é a garantia da nova aliança" e que pode confiar absolutamente em cada palavra, de Mateus a Apocalipse, então essa palavra em seus lábios é Deus falando.

Quando você diz o que Deus lhe mandou dizer, então é como se o próprio Jesus estivesse dizendo.

Quando você se lembra que a Palavra nunca envelhece, nunca é fraca, nunca perde o poder, mas é sempre a Palavra viva, a Palavra que dá vida e você corajosamente confessa isso, então ela se torna algo vivo em seus lábios.

Quando você declara que Satanás não tem capacidade de anular o selo do sangue e que "pelo sangue eles venceram o inimigo e pela Palavra do testemunho que deram", você ganha a supremacia.

Quando você abertamente afirma que a Palavra de Deus é o que confessa ser e o contrato entre você e Deus, então ela se torna uma realidade viva em sua vida diária.

Sua palavra pode ser uma com a Palavra de Deus. A Palavra dele pode ser uma com a sua palavra. Quando a Palavra dele habita em você, ela lhe dá autoridade no céu. Esse é um fato emocionante.

João 15.7: "Se vocês permanecerem em mim, e as minhas palavras permanecerem em vocês, pedirão o que quiserem, e lhes será concedido".

As palavras de seus lábios são as palavras que habitam em você e o dominam.

Essa Palavra visível dá fé na Palavra invisível que está assentada à direita de Deus.

A Palavra que você tem em mãos o transporta para além do conhecimento dos sentidos, para a presença do próprio Deus, e lhe dá um lugar ali.

Afirmações certas e erradas

Estamos continuamente afirmando algo e essa afirmação e as reações que causa em nossas vidas, às vezes, podem ser desastrosas.

Você já sabe os efeitos que as palavras de seus pais tiveram sobre você. Bem, o efeito de suas próprias palavras sobre sua vida é tão forte quanto o daquelas de pessoas queridas.

Você continuamente diz: "Não consigo. Simplesmente não

consigo fazer isso. Não tenho forças para conseguir". E você sente sua energia física e capacidade mental se esvaindo, deixando-o fraco e cheio de indecisão e dúvida; sua capacidade acaba.

Veja, uma afirmação é a expressão de nossa fé: se temos fé em nós mesmos, em nossos familia-res, na Bíblia ou em seu Autor; ou se temos fé na doença, no fracasso e na fraqueza.

Algumas pessoas estão sempre confessando sua fé nas doenças, no fracasso e na desgraça. Você as ouve confessando que seus filhos são desobedientes e que o marido ou mulher não está fazendo o que é certo.

Elas constantemente confessam derrota e dúvidas. Quase não percebem que essa confissão rouba-lhes a capacidade e a energia.

Elas quase não percebem que essa confissão pode transformar uma estrada plana, asfaltada, num atoleiro cheio de obstáculos, mas é verdade. A confissão de fraqueza prende a pessoa e a mantém escrava.

Fale de pobreza e você a terá em abundância. Confesse o tempo todo sua necessidade, sua falta de dinheiro, e você sempre terá um rombo.

Sua confissão é a expressão de sua fé e essas confissões de necessidade e doença expulsam o Deus Pai de sua vida e deixam Satanás entrar, dando-lhe o direito de ir e vir.

As confissões de fracasso permitem que as doenças e a derrota dominem sua vida. Elas honram a Satanás e roubam de Deus a sua glória.

Aqui estão algumas boas confissões: "O Senhor é o meu pastor; de nada terei falta". Você diz isso diante do fato de que a necessidade tem sido seu senhor. Um novo Mestre assumiu o reinado e você sussurra suavemente no início: "O Senhor é o meu pastor", depois diz um pouco mais forte; você continua repetindo até que isso o domine.

Quando isso se tornar verdade em sua vida, você nunca dirá novamente: "Preciso" ou "Tenho falta"; em vez disso, você dirá: "Eu tenho".

"O que crê, tem." Crer é ter.

Você sussurra: "O meu Pai é maior do que todos". Que confissão é essa! O meu Pai é maior do que a necessidade, maior do que a enfermidade, maior do que a fraqueza, maior do que qualquer inimigo que se levante contra mim.

Depois você diz com confiança intencional: "Deus é a força da minha vida, de quem terei medo?".

Deus é a minha força. Quanta força eu tenho? Deus é a medida dela.

Há dois tipos de afirmações que quero que observe. Primeiro, há a afirmação que não tem nada como base, a não ser a minha própria vontade de que se cumpra. É baseada na filosofia que deriva do conhecimento dos sentidos. Esse conhecimento dos sentidos é um produto da minha própria mente. Quando se trata de pecado, nego a existência dele. Quando se trata de doença, nego a existência da doença. Vemos isso na ciência cristã.

Se é um problema de honrar um compromisso financeiro, afirmo com todas as minhas forças que tenho a capacidade de fazê-lo.

Tudo que tenho para cumprir essas afirmações é algo que eu sou, ou tenho em mim mesmo. A Palavra de Deus não tem espaço nessa afirmação.

Não posso dizer que "maior sou eu do que a doença" ou "maior sou eu do que essa necessidade" e, consequentemente, essa afirmação passa a ser um fracasso.

O segundo tipo de afirmação tem como base a Palavra de Deus. A Palavra diz: "Se Deus é por você, quem será contra você?". Sei que Ele é por mim. Sei que essa doença que foi colocada em mim foi derrotada, porque, na verdade, foi colocada sobre Cristo e "pelas suas feridas fui curado".

Essa afirmação é baseada na Palavra de Deus, a Palavra que vive e subsiste e não pode ser anulada.

Jesus disse: "Os céus e a terra passarão, mas a minha Palavra jamais passará".

Veja a imensa diferença entre uma afirmação baseada em sua própria vontade ou filosofia e uma afirmação endossada pelo próprio Deus.

Afirmações baseadas na filosofia do conhecimento dos sentidos têm tanto valor ou capacidade de se tornar realidade quanto o que há na vontade e na mente daquele que faz a afirmação. Mas afirmações baseadas na Palavra viva têm Deus endossando-a para realizá-la.

Algumas coisas que não são fé

"Reivindicar as promessas" não é fé. A fé já as tem. A "reivindicação" prova que a pessoa ainda não tomou posse. É a incredulidade tentando se passar por fé.

Enquanto a pessoa estiver tentando alcançar algo, a fé ainda não agiu. A fé diz: "Obrigado, Pai". A fé tem. A fé chegou. A fé pára de orar e começa a louvar.

Observe atentamente. A dúvida diz: "Reivindico as promessas". "Estou tomando posse das promessas". Essa é a linguagem da dúvida.

A incredulidade cita a Palavra, mas não age com base nela. Chamo isso de aprovação mental.

Lembro-me do passado, quando costumávamos "rogar as promessas e reivindicá-las como nossas". Não sabíamos que até as expressões que falávamos cheiravam à incredulidade.

Veja, acreditar é simplesmente agir com base na Palavra. Agimos com base na Palavra assim como agiríamos com base na palavra de uma pessoa amada.

Agimos baseados na Palavra porque sabemos que ela é verdade. Não tentamos crer nela. Não pedimos fé, simplesmente agimos com base nela.

Um dia, alguém me disse: "Estou tentando tornar a Palavra verdade". Respondi: "Não vejo por que você precise fazer isso, porque ela sempre foi verdade".

As pessoas não conhecem a Palavra a menos que comecem a praticá-la e a deixar que viva nelas. Podem ter se assentado aos pés dos melhores professores ou pregadores do país durante anos, porém, isso nunca se tornou parte da vida delas.

Usar a Palavra na sua vida diária é o segredo da fé.

A Palavra de Deus permanece em você e permite que Ele se expresse por meio de você. Você extrai a seiva da Videira – sabedoria, amor e capacidade. Você nunca fica sem recursos.

A Palavra é o Mestre falando a você. Quando você age por meio da Palavra, está agindo em uníssono com Ele. Você e Ele estão levantando

23. ALGUNS FATOS SOBRE AFIRMAÇÕES

a carga juntos. Ele está comungando com você, compartilhando com você. Você está compartilhando da capacidade e força dele.

Agora você pode entender que a fé nada mais é do que agir com base na Palavra.

Chega de fórmulas com base no conhecimento dos sentidos.

Agora estamos andando com Ele, percebendo que a capacidade dele também é nossa.

☙

24

PALAVRAS QUE OPERAM MARAVILHAS

"Quem me oferece sua gratidão como sacrifício, honra-me, e eu mostrarei a salvação de Deus ao que anda nos meus caminhos."

Salmo 50.23

Palavras de louvor glorificam o Senhor! Eu serei um adorador ousado: um adorador que louva o Senhor. Minha resolução: "Bendirei o Senhor o tempo todo! Os meus lábios sempre o louvarão" (Sl 34.1). Como adorador, exalto o Senhor, não tanto pelas bênçãos que recebo, mas engrandeço o maravilhoso Benfeitor que Ele é!

Palavras proferidas em harmonia com a Palavra de Deus também operam maravilhas. Minha conversa será correta. Nenhuma "palavra torpe saia da boca de vocês, mas apenas a que for útil para edificar os outros, conforme a necessidade, para que conceda graça aos que a ouvem" (Ef 4.29).

Palavras de declaração da Palavra de Deus de fato operam maravilhas. A minha confissão sempre precede minha posse. A palavra "confissão" significa dizer a mesma coisa. Ouso dizer exatamente o que Deus diz em sua Palavra. Concordo com Deus falando sua Palavra em todas as circunstâncias.

Como posso...

Falar de doença quando a Bíblia diz: "Pelas suas feridas fomos curados" (Is 53.5)?
Falar de fraqueza quando a Bíblia diz: "O Senhor é o meu forte refúgio" (Sl 27.1)?
Falar de derrota quando a Bíblia diz: "Somos mais que vencedores por meio daquele que nos amou" (Rm 8.37)?
Falar de necessidade quando a Bíblia diz: "O meu Deus suprirá todas as minhas necessidades" (Fp 4.19)?
Falar de prisão quando a Bíblia diz: "O Filho me libertou" (Jo 8.36)?
Quando falo o que é certo, Deus manifesta a mim os benefícios de sua grande salvação. "Com a boca se confessa para salvação" (Rm 10.10). Com a minha boca faço confissão para salvação, que inclui cura, livramento e toda bênção espiritual e física providenciada por nós em Cristo. Pelas palavras eu venço a Satanás (Ap 12.11).
Sei também que as palavras podem operar graves erros. A maioria de nossos problemas é causada pela língua (Pv 21.23). Uma declaração negativa precede a posse de coisas ruins (Pv 6.2). Com a boca se faz declaração de doença, derrota, escravidão, fraqueza, falta e fracasso. Recuso-me a ter uma declaração ruim.
Minhas palavras operam maravilhas. Palavras de louvor. Palavras que declaram a Palavra de Deus. Palavras de corajosa autoridade expulsando o poder satânico. Palavras de cânticos. Sim, as palavras são a "moeda do reino". Ousadamente falo palavras que operam maravilhas!

25

O VALOR DA DECLARAÇÃO

É necessário haver uma declaração contínua de nossa redenção do controle de Satanás e de que ele não mais nos domina com a condenação ou com o medo da enfermidade.

Apeguemo-nos com firmeza a essa declaração, uma vez que nossa confissão é a derrota de Satanás.

Nós, crentes, não pedimos para ser curados, porque já fomos curados.

Não pedimos para ser justificados, porque já fomos justificados.

Não pedimos para ser redimidos, porque nossa redenção é um fato absoluto.

Na mente do Pai, fomos curados totalmente e plenamente libertos do pecado porque Ele lançou nossas doenças e nossos pecados sobre seu Filho.

O seu Filho foi feito pecado por causa de nossos pecados. Ele foi feito doente pelas nossas enfermidades.

Na mente de Cristo, fomos curados perfeitamente porque Ele se lembra de quando foi feito pecado por nossos pecados, quando foi feito enfermo pelas nossas doenças. Ele se lembra de quando pôs de lado nossos pecados e enfermidades.

Na mente do Espírito Santo, fomos totalmente libertos de ambos porque Ele se lembra de quando Cristo foi feito pecado e enfermo. Ele se lembra de quando ressuscitou a Jesus dentre os mortos.

25. O VALOR DA DECLARAÇÃO

Cristo foi liberto de nossos pecados e enfermidades. Ambos foram descartados antes de sua ressurreição.

A Palavra declara que "pelas suas feridas fomos curados".

A questão toda é nosso reconhecimento da absoluta fidedignidade dessa Palavra.

Não discerne bem quem pede que nos cure, visto que Ele já fez isso.

Essa verdade me causou grande espanto quando a entendi pela primeira vez. Ele declarou que fomos curados, portanto, fomos curados.

O único problema agora é entrar em perfeita harmonia com a sua Palavra.

Se Ele declara que fomos curados, então nossa parte é agradecer pela obra que Ele já realizou.

A nossa declaração nos aprisiona ou nos liberta.

Uma declaração forte aliada a uma ação correspondente, com base na Palavra, coloca Deus em cena.

Quando alguém se apega com firmeza à confissão, ainda que os sentidos digam o contrário, mostra que está fundamentado na Palavra.

Uma declaração inspirada por Satanás é sempre perigosa. Lembre-se de que ele trouxe essa doença, colocou-a em você.

O seu reconhecimento da doença é como assinar pelo pacote que a empresa de transportes lhe entregou. Satanás, então, tem o recibo de sua enfermidade. Você a recebeu.

"Certamente Ele levou sobre si as nossas doenças e tomou sobre si as nossas enfermidades" é o recibo de Deus para a nossa cura plena.

Uma declaração positiva domina as circunstâncias, ao passo que uma confissão vacilante permite que as circunstâncias assumam o controle.

A sua declaração é o que Deus diz a respeito de sua enfermidade.

Uma declaração negativa fará com que a doença progrida.

Então, a sua declaração cura você ou o mantém doente.

A confissão de seus lábios deve estar em plena concordância com o seu coração.

26

VOCÊ É UMA PESSOA DE FÉ

Você pode ser ousado em sua vida cristã sabendo que é um homem ou uma mulher de fé. Que bênção saber com certeza que, não importa como você se sinta, Deus diz que a fé é algo que você já tem. É um dom dele!

Nunca chame a si mesmo de Tomé. Não foram as dúvidas de Tomé que honraram ao Senhor. Foi a fé daqueles que creram na Palavra dele que recebeu aprovação e resposta divina. Se disser que é como o incrédulo Tomé, estará fechando a janela de provisões que Deus tem para você em Cristo. "Porque no evangelho é revelada a justiça de Deus, uma justiça que do princípio ao fim é pela fé, como está escrito: 'O justo viverá pela fé'" (Rm 1.17).

"Todos vocês são filhos de Deus mediante a fé em Cristo Jesus" (Gl 3.26). Nunca ralhe consigo mesmo dizendo que você não tem fé. Isso é totalmente antibíblico porque é pela fé que você se torna filho de Deus. "Pois vocês são salvos pela graça, por meio da fé, e isto não vem de vocês, é dom de Deus" (Ef 2.8).

"De acordo com a medida da fé que Deus lhe concedeu" (Rm 12.3). Não se discute esse fato: Deus lhe deu a medida da fé. Observe: não *uma* medida, mas *a* medida. Não importa quão pequena sua fé seja, a quantidade da fé não é importante para Jesus. Ele declarou que a fé do tamanho de um grão de mostarda pode mover uma montanha!

Você não somente tem a medida da fé, mas tem o espírito da fé: "Está escrito: 'Cri, por isso falei'. Com esse mesmo espírito de fé nós também cremos e, por isso, falamos" (2Co 4.13). Esse espírito de fé que você tem se expressa através da convicção em seu coração e do falar com a sua boca.

"De modo que vocês não se tornem negligentes, mas imitem aqueles que, por meio da fé e da paciência, recebem a herança prometida" (Hb 6.12). A fé não é um botão mágico que você aperta para conseguir instantaneamente o que você precisa de Deus. A paciência está lado a lado com a fé na herança das promessas que Deus tem para a sua vida.

O título que Deus nos dá na Bíblia é crentes, e nunca céticos. É natural para nós atuar em fé porque essa é a natureza de nossas vidas: somos pessoas de fé. Na verdade, Deus diz que sua família é da fé. "Portanto, enquanto temos oportunidade, façamos o bem a todos, especialmente aos da família da fé" (Gl 6.10).

Declare essas palavras corajosamente: "Sou um homem de fé, uma mulher de fé. A fé é algo que eu tenho. Deus me deu a medida da fé, o espírito de fé; a "Palavra da fé está perto de mim, em minha boca e em meu coração" (Rm 10.8). "Esta é a vitória que vence o mundo: a nossa fé" (1Jo 5.4).

A seguir, temos afirmações pessoais de fé na Palavra.

Tenha sua própria vida de fé

Não sou um carona espiritual, alguém que depende da fé dos outros em tempos de necessidade. Tenho minha própria vida de fé, assim como tenho meus próprios sapatos. Quando a crise chega, não preciso procurar alguém para fazer "a oração de fé" por mim; eu mesmo faço minhas orações. Se a doença me abate, estou pronto para ser usado por Deus para ministrar cura em nome de Jesus.

Em Romanos 12.3 está escrito: "De acordo com a medida da fé que Deus lhe concedeu". Declaro este fato: Deus me deu a medida da fé. Deus não me classifica como cético, incrédulo. Sou membro de sua família de fé. Sou um homem de fé, uma mulher de fé. Digo isto com frequência: "A fé é algo que tenho porque Deus deu a todo cristão a medida da fé".

Mateus 7.8 diz: "Todo o que pede, recebe". Essa é a palavra de Jesus sobre o assunto. Jesus claramente ensinou que todos devem fazer seus próprios pedidos; todos devem ter suas próprias respostas.

Atos 10.34 aponta: "Agora percebo verdadeiramente que Deus não trata as pessoas com parcialidade". Não há favoritos. Deus não faz acepção de pessoas. O Pai não tem predileções. Não existem pessoas mais afortunadas em relação a Deus. Sou tão amado pelo Pai como qualquer evangelista, pastor, missionário ou doutor. Tenho tanta justiça quanto qualquer outro cristão, uma vez que minha justiça se baseia no que Jesus fez em meu lugar (2Co 5.21).

Romanos 12.12 insta: "Perseverem na oração". Como resultado de ter minha própria vida de fé, sei que tenho acesso direto a Deus. Não preciso procurar aqui ou acolá por alguém que ore por mim, já que sou ousado para fazer as minhas próprias orações. "Eu lhes asseguro que meu Pai lhes dará tudo o que pedirem em meu nome" (Jo 16.23). Tenho o direito de orar em nome de Jesus ao meu Pai, assim como qualquer outro crente.

Assumo meu lugar na autoridade de crente. Parei de ser um carona espiritual. Posso dirigir-me diretamente ao Pai, em nome de Jesus, como qualquer outro crente. O Pai me ama tanto quanto a qualquer um de seus filhos. Sou ousado em minha fé. Oro e espero respostas poderosas. Digo a outros que estou orando por eles. Corajosamente, sou um canal das bênçãos de Deus para ministrar cura e ajuda aos necessitados. Destemidamente expulso demônios em nome de Jesus. Ouso falar a Palavra com confiança contra toda sorte de opressão. Possuo fé na Palavra viva que está em meus lábios.

Tenho fé na minha própria fé. É a fé de Deus. Tenho fé em meu Deus.

Palavras ardentes

"É como se um fogo ardesse em meu coração, um fogo dentro de mim" (Jr 20.9).

Vivenciei o que Jeremias vivenciou: a Palavra de Deus ardendo em meu coração, um fogo dentro de mim. Suas Palavras são *palavras ardentes*.

26. VOCÊ É UMA PESSOA DE FÉ

Os discípulos na estrada de Emaús tiveram um encontro com Jesus Cristo. "Perguntaram-se um ao outro: 'Não estava queimando o nosso coração, enquanto ele nos falava no caminho e nos expunha as Escrituras?'" (Lc 24.32). As Palavras de Jesus produziram esse ardor celestial no coração. Suas Palavras são *palavras ardentes*.

Jesus disse: "O Espírito dá vida; a carne não produz nada que se aproveite. As palavras que eu lhes disse são espírito e vida" (Jo 6.63). As palavras de Jesus são de fato espírito e vida. Suas palavras são *palavras ardentes*.

Quando confesso sua Palavra, ela produz um fogo em meu coração. O fogo é purificador. "Como pode o jovem manter pura a sua conduta? Vivendo de acordo com a tua palavra" (Sl 119.9). "Guardei no coração a tua palavra para não pecar contra ti" (Sl 119.11). Suas Palavras purificam o meu espírito. Suas palavras são *palavras ardentes*.

Minha oração em relação à Palavra: "Abra os meus olhos para que eu veja as maravilhas da tua lei" (Sl 119.18). Quando o Espírito Santo abre a Palavra no meu espírito, essa Palavra produz um fogo dentro do meu peito. Suas Palavras são *palavras ardentes*.

"Dessa maneira a palavra do Senhor muito se difundia e se fortalecia" (At 19.20). A Palavra tem o poder que prevalece: poder para salvar, poder para curar, poder para ressuscitar; poder para criar; poder para subjugar todos os inimigos. Suas Palavras são *palavras ardentes*.

27

AS DUAS DECLARAÇÕES

Nossa fé é medida pela nossa declaração. Nossa utilidade no trabalho do Senhor é medida pela nossa confissão.

Mais cedo ou mais tarde nos tornamos aquilo que declaramos.

Há a declaração de nosso coração e a declaração dos nossos lábios.

Quando a declaração de nossos lábios está em perfeita sintonia com a declaração de nossos corações, e essas duas confissões confirmam a Palavra de Deus, então nos tornamos poderosos em nossa vida de oração.

Muitas pessoas têm uma declaração negativa.

Estão sempre dizendo o que não são, falando de suas fraquezas, seus fracassos, sua falta de dinheiro, sua falta de capacidade e sua falta de saúde.

Invariavelmente elas descem ao nível de sua declaração.

Uma lei espiritual que poucos identificam é que a nossa confissão nos domina.

Quando confessamos o senhorio de Jesus e o nosso coração concorda plenamente, então lançamos nossa vida aos cuidados dele.

Isso é o fim da preocupação, o fim do medo e o começo da fé.

Quando cremos que Jesus ressuscitou dos mortos por nós, e que pela sua ressurreição derrotou o adversário e o reduziu a nada, quando isso se torna a confissão de nossos lábios e do nosso coração, nos tornamos poderosos para Deus.

Se aceitamos a Jesus como nosso Salvador e o confessamos como Senhor, somos novas criaturas; temos a vida eterna; temos a posição de filhos; somos herdeiros de Deus e co-herdeiros com Jesus Cristo.

No momento em que reconhecemos o fato de sua real ressurreição, então sabemos que o problema do pecado está resolvido; sabemos que Satanás foi eternamente derrotado por nós.

Sabemos que estamos unidos com a Divindade.

Sabemos que entramos para a família de Deus.

Sabemos que a capacidade de Deus se tornou nossa.

É possível que isso não fique claro para nós de imediato. Mas à medida que estudamos a Palavra, agimos e vivemos baseados nela e deixamos que viva em nós, lentamente talvez, mas certamente, se tornará uma realidade viva.

Essa realidade é desenvolvida por meio de nossa declaração.

Declaramos o senhorio de Jesus e confessamos diante do mundo que Ele é o nosso pastor e que não teremos falta de nada.

Declaramos que nos faz descansar em pastagens verdes e nos conduz às águas tranquilas.

Declaramos que restaurou nossas almas a uma maravilhosa e doce comunhão com Ele.

Declaramos que nos fez novas criações, que as coisas velhas já passaram e eis que tudo se fez novo e que nos tornamos justiça de Deus em Cristo.

Declaramos corajosamente diante do mundo nossa completa unidade e união com Ele.

Declaramos que Ele é a Videira e nós somos os ramos; que os ramos e a Videira são um.

Declaramos que somos participantes da natureza divina que habitou nele quando Ele andou na Galileia.

Essas são as nossas declarações.

Entendemos que Satanás está derrotado, que os demônios estão sujeitos ao nome de Jesus em nossos lábios, que a doença não pode existir na presença do Cristo vivo em nós.

Agora ousamos agir com base no que sabemos que a Palavra ensina.

Ousamos assumir nosso lugar e declarar perante o mundo que o que a Palavra diz a respeito de nós é verdade.

Chega de declarações de derrota, fraqueza, incapacidade, porque Deus se tornou nossa capacidade, Deus se tornou nossa insuficiência e nos fez suficientes como ministros da nova aliança.

Declaramos que Ele nos tirou do velho reinado onde o fracasso imperava e nos trouxe para o novo reino da vitória, alegria e paz.

À medida que fazemos nossa confissão e agimos na Palavra, nossa fé cresce e nossa redenção se torna uma realidade.

A declaração certa

Jesus disse: "Pois não falei por mim mesmo, mas o pai que me enviou me ordenou o que dizer e o que falar" (Jo 12.49).

Toda cura que Jesus operou foi realizada por meio da Palavra do Pai. Toda Palavra que falou foi a Palavra do Pai.

Jesus sabia quem Ele era; conhecia o seu lugar; entendia a sua obra.

Era sempre positivo em sua mensagem. Sabia que as palavras que falava eram as Palavras do Pai.

Ele assumiu seu lugar como Filho. Fez a parte dele.

E continuamente confessava sua filiação.

Jesus sempre confessava o que era.

Ele disse: "Eu sou o bom pastor. Eu sou o pão da vida. Eu sou a água da vida. Deus é meu Pai. Eu sou a luz do mundo".

Em João 5.19-30 Jesus faz dez declarações a respeito de si mesmo.

São realmente confissões, e cada uma delas o conecta com a Divindade.

Ele estava falando a própria palavra de seu Pai.

João 7.29 diz: "Mas eu o conheço porque venho da parte dele, e ele me enviou".

Ele não somente confessava quem era, mas também corajosamente confessava o que o homem seria depois que se tornasse uma nova criação.

Em João 15.5 Jesus fala: "Eu sou a videira; vocês são os ramos".

João 7.38-39 declara: "Quem crer em mim, como diz a Escritura, do seu interior fluirão rios de água viva. Ele estava se referindo ao Espírito, que mais tarde receberiam os que nele cressem. Até então o Espírito ainda não tinha sido dado, pois Jesus ainda não fora glorificado".

Que declaração foi essa e quão real ela se tornou no Dia do Pentecostes!

João 8.54-55 diz: "Se glorifico a mim mesmo, a minha glória nada significa. Meu Pai, que vocês dizem ser o seu Deus, é quem me glorifica. Vocês não o conhecem, mas eu o conheço. Se eu dissesse que não o conheço, seria mentiroso como vocês, mas eu de fato o conheço e obedeço à sua palavra".

Em João 17.5 está escrito: "E agora, Pai, glorifica-me junto a ti, com a glória que eu tinha contigo antes que o mundo existisse".

Esse foi um testemunho extraordinário.

Em João 17.26 Jesus fala: "Eu os fiz conhecer o teu nome, e continuarei a fazê-lo".

Jesus conhecia o novo nome que Deus iria receber.

João 17.6 afirma: "Eu revelei teu nome àqueles que do mundo me deste".

Tenho a convicção de que o novo nome de que Jesus fala aqui é "Pai".

Nunca ninguém o havia chamado de "Pai".

Em João 9.35-36 temos: "Jesus ouviu que o haviam expulsado, e, ao encontrá-lo, disse: 'Você crê no Filho do homem?' Perguntou o homem: 'Quem é ele, Senhor, para que eu nele creia?'".

Jesus, então, declarou quem realmente era.

No verso 37, Ele disse ao homem que fora cego: "Você já o tem visto. É aquele que está falando com você".

Jesus declarou abertamente que era o Filho de Deus.

Em João 4.26 temos outra confissão espantosa.

Ele estava conversando com a mulher de Samaria e confessou que era o Messias, o Filho de Deus.

Jesus sabia quem era

Quase todo milagre que Jesus realizou foi realizado com as Palavras do Pai nos lábios de Jesus.

Jesus revelou a vontade do Pai.

João 4.34: "A minha comida é fazer a vontade daquele que me enviou e concluir a sua obra".

João 5.30: "Pois não procuro agradar a mim mesmo, mas àquele que me enviou".

João 6.38: "Pois desci dos céus, não para fazer a minha vontade, mas para fazer a vontade daquele que me enviou".

João 8.29: "Pois sempre faço o que lhe agrada".

Que imagem a do Mestre! Ele não tinha ambições nem objetivos pessoais para alcançar. Ele simplesmente fazia a vontade de seu Pai, revelando-o, até que pôde dizer: "Quem me vê, vê o Pai" (Jo 14.9).

Quanto menos ambições e desejos terrenos tivermos, mais plenamente o Pai se revelará a nós.

Suas Palavras em nossos lábios realizarão os mesmos prodígios que suas Palavras realizaram nos lábios de Jesus.

A busca de interesses pessoais limita a pessoa.

O homem egoísta é um homem limitado.

Aquele que vive na Palavra e deixa a Palavra viver nele, aquele que pratica a Palavra e age com base nela, é o que revela o Pai.

Quando agimos na Palavra de Deus revelamos o Pai.

Revise estes fatos

Poucos percebem que nossa declaração nos aprisiona. A declaração correta nos liberta.

Não é somente nossa forma de pensar; são nossas palavras, nossa conversa, que geram força ou fraqueza em nós.

As nossas palavras são a moeda no reino da fé. Elas nos enlaçam e nos prendem em cativeiro ou nos libertam e se tornam poderosas na vida de outras pessoas.

É o que declaramos com os nossos lábios que realmente domina o nosso interior.

Inconscientemente confessamos aquilo em que cremos.

Se falamos de doença, é porque cremos na doença. Se falamos de fraqueza e derrota, é porque cremos na fraqueza e na derrota.

É surpreendente a fé que certas pessoas depositam em coisas erradas.

Elas acreditam firmemente no câncer, em úlceras do estômago, na tuberculose e em outras doenças incuráveis. A fé delas nessas doenças chega ao ponto de dominá-las completamente, governando-as. Elas se tornam escravas.

Elas se habituam a declarar suas fraquezas e essa confissão aumenta a amplitude de sua fraqueza. Confessam a falta de fé e ficam cheias de dúvidas. Declaram o medo e se tornam ainda mais temerosas. Declaram o medo de doenças e a doença cresce debaixo dessa confissão. Declaram sua necessidade e desenvolvem uma percepção de necessidade que ganha a supremacia em suas vidas.

Quando entendemos que nunca iremos além de nossa declaração, estamos chegando ao ponto onde Deus pode realmente começar a nos usar.

Você declara que pelas suas feridas você foi curado: apegue-se à sua confissão e nenhuma doença poderá resistir a você.

Quer percebamos, quer não, estamos semeando palavras exatamente como Jesus disse em Lucas 8.11: "A semente é a Palavra de Deus". O semeador saiu a semear e a semente que ele estava semeando era a Palavra de Deus. Essa é a semente que devemos semear. Outros estão semeando sementes do conhecimento dos sentidos, de dúvida e medo.

Quando declaramos a Palavra de Deus, declarando com ênfase que "por suas feridas fui curado" ou "o meu Deus suprirá todas as minhas necessidades" e nos apegando à nossa confissão, é que vemos o nosso livramento.

As nossas palavras geram fé ou dúvida nos outros. Apocalipse 12.11 declara: "Eles o venceram pelo sangue do Cordeiro e pela palavra do testemunho que deram". Eles o venceram com a Palavra de Deus que estava em seu testemunho. Eles derrotaram o Diabo com palavras.

A maioria dos enfermos que Jesus curou durante o seu ministério foi curada com palavras. Deus criou o universo com palavras: palavras cheias de fé.

Jesus disse: "A tua fé te salvou".

Ele disse a Lázaro: "Sai para fora". Suas palavras ressuscitaram mortos.

Satanás é vencido por palavras, ele é amarrado por palavras.

Os nossos lábios passam a ser o canal do livramento de Deus, vindo do céu, para a necessidade do homem aqui na terra.

Usamos a Palavra de Deus. Sussurramos: "No nome de Jesus, demônio, saia dele".

Jesus disse: "Em meu nome vocês expulsarão demônios, em meu nome imporão as mãos sobre os doentes e estes ficarão curados".

Tudo com palavras!

Eu me pergunto se as mãos fazem mais do que registrar para os sentidos. É a Palavra que cura.

Jesus disse: "Tudo o que você pedir em meu nome, eu farei". (No grego a palavra *pedir* é *exigir*).

Estamos exigindo, assim como Pedro, na Porta Formosa, quando disse: "Em nome de Jesus Cristo, o Nazareno, ande".

As palavras curaram aquele homem.

Agora fazemos nossa confissão com palavras. Apegamo-nos com firmeza à nossa declaração. Recusamo-nos a ser derrotados em nossa confissão.

Com João 8.32: "E conhecerão a verdade, e a verdade os libertará".

Ou João 8.36: "Se o Filho os libertar, vocês de fato serão livres".

Sabemos que o Filho nos libertou e confessamos isso.

Jesus é o sumo sacerdote de nossa confissão.

Cristo conquistou os inimigos da humanidade: Satanás, o pecado, a doença, o medo, a morte e a necessidade.

Ele escravizou os inimigos e libertou os homens.

Hebreus 4.14 nos manda apegarmo-nos com firmeza à confissão de nossa fé.

27. AS DUAS DECLARAÇÕES

"Portanto, visto que temos um grande sumo sacerdote que adentrou os céus, Jesus, o Filho de Deus, apeguemo-nos com toda a firmeza à fé que professamos".

Essa declaração é a fé falando. É a nossa vitória contra o inimigo. É a nossa confiança.

Colossenses 2.5 diz: "Porque, embora esteja fisicamente longe de vocês, em espírito estou presente, e me alegro em ver como estão vivendo em ordem e como está firme a fé que vocês têm em Cristo".

Essa "fé firme" significa a confissão contínua de vitória.

Nunca declaramos nada a não ser vitória.

Em Romanos 8.37 vemos: "Mas, em todas estas coisas somos mais que vencedores, por meio daquele que nos amou".

Jesus desarmou os principados e potestades que lutaram contra Ele e os lançou à vergonha pública (tradução de Colossenses 2.15, de Connybeare).

Devemos parar de fazer as declarações erradas e começar imediatamente a aprender *como* confessar e *o que* confessar.

Devemos começar a declarar que somos o que Deus diz que somos e nos apegarmos com firmeza a essa confissão, mesmo diante de todas as evidências contrárias.

Recusamo-nos a ser fracos ou a admitir a fraqueza.

Recusamo-nos a ter qualquer coisa a ver com a declaração errada.

Somos o que Ele diz que somos.

Apegamo-nos com firmeza a essa declaração com a consciência intrépida de que a Palavra de Deus nunca pode falhar.

28

ESTOU DOENTE E CANSADO DE ESTAR DOENTE E CANSADO

"Então, esta mulher, uma filha de Abraão a quem Satanás mantinha presa por dezoito longos anos, não deveria no dia de sábado ser libertada daquilo que a prendia?"

Lucas 13.16

Confronto, em nome de Jesus, as amarras do Diabo. A Bíblia não chama minha enfermidade de bênção. A Bíblia chama minha enfermidade de cativeiro. A doença é uma amarra do Diabo e eu "devo estar livre" de toda amarra.

Estou doente e cansado de estar doente e cansado porque tenho o direito de estar curado. O preço foi pago: meu caro Senhor levou sobre si minhas enfermidades e doenças. Confronto a doença com essas palavras: "Para trás de mim, Diabo, porque está escrito, que 'ele tomou sobre si as nossas enfermidades e sobre si levou as nossas doenças'" (Mt 8.17).

Tenho todo o direito de estar curado por causa do sacrifício vicário de Cristo. O único motivo digno de minha fé em relação à cura é o que Jesus providenciou na cruz por mim. O seu sangue é a única coisa que me habilita para a cura. Meu direito de receber a cura de Deus está baseado no sangue. Confronto a Satanás por invadir a propriedade de Deus com esta declaração: "Satanás, vai-te daqui. Porque está escrito que eu fui aproximado de Deus mediante o sangue de Cristo" (Ef 2.13).

Confronto este *rebelde, o Diabo*, porque tenho o direito de ser curado, não por causa da minha bondade ou sinceridade, mas por causa das feridas ensanguentadas. Confronto o Diabo com estas palavras: "Diabo, saia daqui, porque está escrito 'pelas suas feridas fomos curados'" (Is 53.5).

Não desconheço as artimanhas de Satanás e aprendi, por meio do Espírito Santo, a discernir sua ação opressiva contra mim. Estou doente e cansado de estar doente e cansado, por isso venço as obras do Diabo pelo sangue de Jesus e pela Palavra do meu testemunho. Confronto este ladrão com estas palavras: "Diabo, resisto a você, em nome de Jesus, porque estou dependendo inteiramente dos méritos de Cristo Jesus, por cujas feridas fui curado" (1Pe 2.24).

Vou me manter firme, com coragem, e receber a minha cura em nome de Jesus. Nunca mais serei o "depósito de entulho" do Diabo onde ele descarrega seus repugnantes espíritos de opressão. Confronto-o com esta afirmação de autoridade: "Diabo, o sangue de Jesus derrota você e eu lhe resisto porque está escrito que os ungidos destruirão o jugo" (Is 10.27).

Por suas feridas fui curado

"Pelas suas feridas fomos curados" (Is 53.5). Essa profecia dada a Isaías era concernente ao nosso Senhor Jesus Cristo e ao sofrimento que Ele teria de padecer para salvar o seu povo. É uma obra completa, terminada. Jesus suportou as feridas.

Não importa se os sintomas estão presentes, pelas suas feridas fui curado. Declaro este fato mesmo diante dos sintomas contrários. "Porque vivemos por fé, e não pelo que vemos" (2Co 5.7).

A despeito de outras opiniões a respeito de minha saúde, pelas suas feridas fui curado. Posso parecer mal para as pessoas; elas podem dar sua opinião a respeito do meu estado de saúde, mas a verdade prevalece: pelas suas feridas fui curado.

Apesar das experiências passadas, pelas suas feridas fui curado. Posso ter buscado uma cura antes que não se manifestou, mas este é um novo dia para mim: pelas suas feridas fui curado.

Quando a dor aflige o meu corpo, pelas suas feridas fui curado. Pode ser verdade que a dor ainda está em meu corpo, mas sei de uma verdade maior: pelas suas feridas fui curado!

Quando tudo parece ir mal, no que diz respeito à saúde, a verdade de Deus prevalece: pelas suas feridas fui curado. Quando tudo parece ir bem e o resultado dos meus exames é excelente, é porque pelas suas feridas fui curado.

Onde quer que eu esteja, não importa como me sinta, apego-me com firmeza à minha alegre declaração de sua verdade: pelas suas feridas fui curado.

"Ele mesmo levou em seu corpo os nossos pecados sobre o madeiro, a fim de que morrêssemos para os pecados e vivêssemos para a justiça; por suas feridas vocês foram curados" (1Pe 2.24).

Sou forte

"Diga o fraco: 'Sou um guerreiro!'" (Jl 3.10).

Sou forte! Sou um guerreiro! Este é o paradoxo da fé: dizer que sou forte quando estou fraco. Esta é a confissão da fé: sou forte.

Não importa o que eu pense de mim mesmo, sou forte. A despeito da opinião dos outros sobre a minha vida, sou forte. Quando me sinto o mais fraco, sou forte.

Embora eu tenha sucumbido à fraqueza em experiências passadas, me levanto com um novo testemunho de fé: sou forte. Não é quando me sinto forte que eu digo que sou forte. Mas é principalmente quando me sinto fraco que declaro: sou forte.

Deus me manda dizer: sou forte. Isso é dizer o que Deus diz a respeito da minha vida. Essa é a linguagem da fé. A linguagem da vitória.

Quem sou eu? Eu sou forte. Não importa o que mais eu seja, eu sou forte. Onde quer que estiver, sou forte.

Aquilo que eu declaro, possuo. O que eu digo é o que obtenho. Eu confesso: "Sou forte" e possuo força.

Como posso ter tanta certeza? Não somente em Joel 3.10, mas em inúmeras outras passagens das Escrituras, Deus declara que Ele é a minha força. Então, de bom grado obedeço à sua ordem e digo: Sou forte. Nunca digo: Sou fraco. Isso seria desobediência ao meu Deus; entristeceria o Espírito Santo.

"Diga o fraco: 'Sou um guerreiro!'" (Jl 3.10).

De que tenho medo?

Tenho medo de morte prematura? Tenho medo de ataque cardíaco? O meu medo é de câncer? Será que tenho medo de alguma tragédia ou calamidade? Tenho medo de perder o amor de meus familiares? Será que meu pavor é de voar num avião? Será que em minha vida prevalece o medo do homem?

Se houver qualquer medo em meu coração, devo ser liberto dele. O medo é um espírito real que vem de fora para ocupar espaço em minha vida. Quando dou lugar ao medo, Satanás se aproveita dessa minha atitude e envida todos os esforços para que aquilo que eu temo seja reproduzido em minha vida.

"O que eu temia veio sobre mim; o que eu receava me aconteceu" (Jó 3.25). Quando Jó fez essa confissão, estava no ápice de seu sofrimento, com feridas, do alto da cabeça às solas dos pés. Ele havia perdido sua família e suas posses. Diante da declaração de Jó, é evidente que ele havia nutrido esse medo por muito tempo: "O que eu temia veio sobre mim; o que eu receava me aconteceu".

O que estou temendo? Devo expulsar todo espírito de medo da minha vida, do contrário, esse medo atormentador, negativo, pode tornar real em minha vida exatamente aquilo que eu mais temo.

A descrição que a Bíblia faz do medo não é bonita. Ela o descreve como um espírito de servidão, torturante, que aprisiona a alma e capaz de se reproduzir na miséria.

Lucas 1.74-75 fala que um dos propósitos da vinda de Cristo a este mundo é "resgatar-nos da mão dos nossos inimigos para o servirmos sem medo (...) todos os nossos dias". Isso significa que, todos os dias, temos de estar livres do medo. Na Bíblia, há um versículo contra o medo para cada dia do ano.

Agora, no nome de Jesus, tomo uma atitude corajosa:

> "Você, espírito satânico de medo que tem oprimido e atormentado minha vida, eu lhe ordeno, em nome de Jesus, que saia da minha vida porque está escrito: 'Deus não nos deu espírito de covardia, mas de poder, de amor e de equilíbrio'"
>
> 2 Timóteo 1.7

29

O PODER DE NOSSAS PALAVRAS

Lembro-me que Jesus disse: "A tua fé te curou".
Foi a fé da pessoa que a curou. Então, entendi que são as nossas palavras que nos curam.

Quando dizemos "Pelas suas feridas fui curado", essa confissão me traz o livramento da doença.

Observe o que está escrito em Romanos 10.9: "Se você confessar com a sua boca que Jesus é Senhor e crer em seu coração que Deus o ressuscitou dentre os mortos, será salvo".

Salvo aqui significa curado. É a sua boca que faz a confissão. É a confissão da fé que você tem em seu coração ou em seu espírito.

Você crê e sabe que a Palavra de Deus é absoluta. Deus zela por sua Palavra para cumpri-la. "A Palavra de Deus não volta vazia"; ela tem poder e se cumpre.

O que a Palavra de Deus faz? A Palavra de Deus salva. A Palavra de Deus cura. A Palavra de Deus nos supre com recursos financeiros. É a Palavra que faz isso.

No Salmo 107.20 está escrito: "Ele enviou a sua Palavra e os curou".

Jesus é essa Palavra.

Suas Palavras são Ele mesmo.

Fiz dessa Palavra de Deus a minha Palavra e essa Palavra agora habita em mim ricamente. Quando falo, é a Palavra em meus lábios e eu digo: "Pelas suas feridas fui curado".

Essa Palavra é a minha Palavra e a Palavra dele.

No momento em que eu a profiro, a cura é minha.

Suas palavras são a sua declaração. Elas confirmam ou negam a Palavra de Deus. Uma coisa triste é que num minuto confessamos que estamos curados. Aí a dor volta e confessamos que não estamos curados. Negamos nossa primeira declaração. Ao negá-la, negamos a Palavra que declara que fomos curados.

Manter sua declaração e apegar-se a ela é o segredo do sucesso e da vitória na vida com Deus.

Você se apega com firmeza à sua declaração de que Deus lançou sobre Jesus o seu pecado e isso dá a você a vida eterna.

Você se apega com firmeza à sua declaração de que por suas feridas você foi curado e isso lhe dá a sua cura.

Você se apega com firmeza à sua declaração de que "mas em todas estas coisas somos mais do que vencedores" e é um vencedor.

Você se apega com firmeza à sua declaração de que "o meu Deus suprirá cada uma de suas necessidades" e todas as suas necessidades são supridas.

Se você balança em sua declaração e nega sua confissão, anula a Palavra no que diz respeito a você.

Agora você já consegue enxergar que sua fé é medida por suas palavras, ou sua declaração.

Sua confissão é sua avaliação do valor da Palavra de Deus.

As palavras que Jesus falou ainda estão novas e frescas, dando esperança e alegria e vitória às multidões.

O registro das coisas que Ele fez ainda nos emociona.

As palavras do apóstolo Paulo são, em alguns momentos, como uma chama que arde; em outros momentos, como o unguento curador que acalma a ferida e conduz o coração à comunhão com os céus.

"As palavras que lhes falei, são espírito e vida", disse o Mestre.

Agora, quero que você veja o efeito de suas palavras sobre você mesmo.

Suas palavras trazem desânimo e derrota para sua própria vida.

Pergunto: "Como vão as coisas?".
Você responde: "Está tudo indo errado. Parece que tudo ruiu. Perdi o controle. Não consigo prevalecer em nada".
Isso é uma declaração. Que reações ela causa em você?
Você imediatamente se enche de autopiedade e sentimento de derrota.
Você fica privado da capacidade de iniciativa, do poder de ajuntar os cacos e novamente uni-los em vitória.
Você não consegue. Por quê?
Sua declaração o debilitou e o arruinou.
O mesmo é verdade quando você tem um problema com seu marido, ou alguma outra pessoa, e fica falando disso o tempo todo.
Toda vez que faz isso, você chora e passa por todo esse sofrimento.
Se você não tivesse mencionado o problema, teria ficado muito mais forte.
Suas palavras são veneno para o seu próprio organismo. Suas palavras podem ser, às vezes, fatais.
Quando você diz: "Acho que nunca vou sair dessa", é o mesmo que tomar veneno.
Não há antídoto para isso, exceto a anulação do poder desse tipo de confissão e começar a falar as palavras certas e fazer o tipo certo de declaração.
Você pensa em derrota e fala disso, e desce ao nível da derrota.
Suas palavras criam uma atmosfera que prejudica e destrói você.
Existem três tipos de palavras: *palavras neutras*, vazias, sem colorido, sem vida. Geralmente, essa é a conversa da maioria das pessoas.
São palavras vazias, sem cor, palavras monótonas.
Você ouve um pregador pregando numa monotonia: não há colorido, nem alma, nem poder ou vida em suas palavras – são apenas sons jogados no ar.
A segunda classe de palavras são as *palavras construtivas*, fortalecedoras, palavras que curam, inspiram, emocionam, palavras poderosas, que se destacam; palavras grávidas de esperança, amor e vitória.
E a terceira classe, são as *palavras destrutivas*: palavras cheias

de ódio, escândalo, amargura, inveja, vírus mortal, que saem de um coração cheio de amargura; são proferidas para machucar, amaldiçoar, arruinar e condenar.

Que importante papel as palavras desempenham!

Veja o que você pode fazer com as palavras, como você pode mudar vidas, abençoar e edificar, encorajar e levar pessoas a grandes realizações!

30

"AS PALAVRAS CERTAS SÃO IMPETUOSAS"

"Como doem as palavras verdadeiras! Mas o que provam os argumentos de vocês?" – Jó 6.25

Lá um grande poder em sua boca para falar palavras certas que são impetuosas e dinâmicas em sua ação. Fale em nome de Jesus. "Tudo o que fizerem, seja em palavra ou em ação, façam-no em nome do Senhor Jesus, dando por meio dele graças a Deus Pai" (Cl 3.17). Não é superstição nem misticismo falar com frequência seu nome maravilhoso. "O nome do Senhor é uma torre forte; os justos correm para ela e estão seguros" (Pv 18.10).

Jesus nos deu o direito de falar em nome dele. O "pedir" de João 14.13-14 implica "ordenar no nome de Jesus" que as doenças, os demônios e as situações adversas saiam! O "pedir" de João 15.16 e 16.23-24 se refere a orar ao Pai no nome todo-poderoso de Jesus. Jesus é o nome acima de todo nome (Fp 2.9-11). Quão poderoso é seu majestoso nome! Desafio você a falar seu nome com frequência. Agora mesmo, diga "Jesus" três vezes!

Em cruzadas nas cidades de Nagercoil (Tamil Nadu) e Trivandrum (Kerala), na Índia, falei a milhares de pessoas cada noite em nossas cruzadas ao ar livre. Muitas e muitas vezes eu invoquei o nome de Jesus ao ordenar que as doenças saíssem. Em Nagercoil, 77 milagres foram registrados. Resultados semelhantes acontecerem em Trivandrum. Você também pode receber cura por meio do nome dele. "Pela fé no nome de Jesus, o nome curou este homem que vocês veem e conhecem. A fé que vem por meio dele lhe deu esta saúde perfeita, como todos podem ver" (At 3.16).

Na Índia tive o imenso prazer de conduzir milhares de pessoas à fé salvadora em Jesus Cristo. Assim que essas multidões creram na morte, sepultamento e ressurreição de Jesus Cristo e o confessaram como Senhor de suas vidas, receberam a vida eterna! Você também pode ser salvo agora. "Pois o mesmo Senhor é Senhor de todos e abençoa ricamente todos os que o invocam. Porque 'todo aquele que invocar o nome do Senhor será salvo'" (Rm 10.12-13).

As palavras de louvor são palavras poderosas. O louvor é a centelha da fé, a única coisa necessária para dar asas à sua fé, permitindo a você voar acima de qualquer dúvida mortal. Fale palavras de louvor com frequência.

31

O VALOR DA DECLARAÇÃO POSITIVA

Lembre-se de 2Coríntios 1.17-20: "Quando planejei isso, será que o fiz levianamente? Ou será que faço meus planos de modo mundano, dizendo ao mesmo tempo 'sim' e 'não'? Todavia, como Deus é fiel, nossa mensagem a vocês não é 'sim' e 'não', pois o Filho de Deus, Jesus Cristo, pregado entre vocês por mim e também por Silvano e Timóteo, não foi 'sim' e 'não', mas nele sempre houve 'sim'; pois quantas forem as promessas feitas por Deus, tantas têm em Cristo o 'sim'. Por isso, por meio dele, o 'Amém' é pronunciado por nós para a glória de Deus".

Porque Jesus Cristo, o Filho de Deus, proclamado entre vocês por nós, isto é, por Silvano, Timóteo e eu, não oscilava entre o "sim" e o "não", mas nele está o eterno "sim" (tradução de Montgomery).

Muitos estragam sua declaração hesitando entre o "sim" e o "não". Quando o coração pode dizer "sim", um sonoro e positivo "sim" para a Palavra, então, a realidade começa a vencer nessa confissão. Ela deve começar no coração. O coração deve começar a dizer "sim" para a Palavra de Deus.

Você está doente. Você está firme em sua declaração de doença e vacilando em sua confissão de que "pelas suas feridas você foi curado".

Você não pode ter duas declarações. Uma vai destruir a outra. Se a sua confissão de doença é mais forte que a sua confissão da Palavra, então a doença vai ganhar e você viverá em derrota.

Se sua necessidade financeira é grande e sua declaração é de permanente necessidade, a Escritura "o meu Deus suprirá todas as suas necessidades" não tem efeito em sua vida. Por meio de sua declaração errada, a fé é destruída.

Quando aprenderemos a ter um "sim" constante para com a Palavra? Uma declaração positiva, direta? Se Deus diz que é, então é. Se diz que eu sou, então eu sou. Se Ele diz: "Maior é aquele que está em você do que aquele que está no mundo", então eu sou o vencedor.

Se Ele declara que eu sou a justiça de Deus em Cristo, então eu sou. Se Ele sussurra: "Mas em todas estas coisas você é mais do que vencedor", eu digo: "Amém". Assim, dou a Deus o meu Amém para todas essas Escrituras.

Se Ele diz baixinho: "Posso todas as coisas naquele que é minha capacidade e força", eu digo baixinho: "Amém".

Eu alinho minha confissão com todas as declarações afirmativas ao meu respeito em Cristo.

Ele diz: "Certamente ele tomou sobre si as nossas enfermidades e sobre si levou as nossas doenças; contudo nós o consideramos castigado por Deus, por Deus atingido e afligido. Mas ele foi transpassado por causa das nossas transgressões, foi esmagado por causa de nossas iniquidades; o castigo que nos trouxe paz estava sobre ele, e pelas suas feridas fomos curados", e eu digo: "Amém".

Logo, não tenho nenhuma enfermidade e mantenho minha declaração perante o mundo.

Deus não disse que as colocou em Jesus? Sim. Jesus não as levou sobre si? Sim. Então, não vou reivindicá-las como minhas. Elas não são minhas. Elas pertencem ao inimigo que as lançou em mim, mas eu me recuso a ser esse terreno baldio onde Satanás joga seu lixo, por isso, digo: "No nome de Jesus, Satanás, venha e leve suas doenças. Recuso-me a tomar posse delas, a ter qualquer coisa a ver com elas". E ele vem e as leva embora. Ele tem de fazer isso porque deve se sujeitar à autoridade do nome.

Ele não pode me manter na pobreza. Ele não pode fazer a necessidade me dominar. Não, aquele que transformou água em vinho, que

alimentou as multidões com cinco pães e dois peixes é o meu Senhor e meu dono. Ele é o meu provedor.
    Ele é a minha força.
    Ele é tudo de que preciso.
    Descanso nele. Ando nele.
    Sua capacidade passou a ser minha, e sua graça é minha também.
    Mergulho em seu amor.
    Aqueço-me à sua luz.
    Deleito-me em sua sabedoria.
    Eu sou dele e Ele é meu.

32

"O SENHOR É A FORÇA DA MINHA VIDA"

Essas são grandes confissões; declare-as com confiança.
1. O Senhor é a força da minha *mente*, por isso, hoje eu tenho pensamentos saudáveis, equilibrados, bons. Penso em coisas verdadeiras, honestas, justas, puras, amáveis e de boa fama. Uma mente forte é uma mente positiva, a mente de Cristo. "Eu tenho a mente de Cristo" (1Co 2.16).
2. O Senhor é a força dos meus *ouvidos*, por isso, ouço bem hoje. Sete vezes em Apocalipse 2 e 3 aparece a ordem: "Aquele que tem ouvidos ouça o que o Espírito diz..." Ela é muito importante, e com minha mente renovada, sadia e forte ouço o que o Espírito me diz.
3. O Senhor é a força dos meus *olhos*, por isso, tenho boa visão para hoje. Vejo as pessoas através dos olhos do amor, da bondade e da boa vontade.
4. O Senhor é a força da minha *boca*, por isso, falo palavras que edificam, ministram graça aos que me ouvem. Isaías 50.4: "O Soberano, o Senhor, deu-me uma língua instruída, para conhecer a palavra que sustém o exausto. Ele me acorda manhã após manhã, desperta meu ouvido para escutar como alguém que está sendo ensinado". Eu me abstenho de falar palavras negativas, destrutivas, sujas, críticas, duras, cruéis ou grosseiras.
5. O Senhor é a força do meu *coração*, por isso, tenho um batimento cardíaco bom, saudável hoje. A minha oração: "Senhor, seja a força do meu coração físico enquanto eu servi-lo nesta terra. Sim, 70 anos e por causa dessa força, 80 anos ou mais". Ó, coração, faça o seu bom trabalho no dia de hoje.

6. O Senhor é a força das minhas *mãos*, assim, tudo que vier às minhas mãos para fazer, elas farão com todas as suas forças.

7. O Senhor é a força de todos os meus *órgãos, tecidos, ossos, fibras, nervos e células* do meu corpo. O Senhor é a força da minha vida, do alto da minha cabeça até a sola dos meus pés. Quando meus pés ficam cansados, machucados, doendo, o Senhor renova os meus pés, revigorando-me com a sua força.

8. O Senhor é a força da minha *vida* – toda a minha vida – espírito, alma e corpo. Ele infunde força ao meu homem interior.

9. Minhas declarações hoje são: "O povo que conhece o seu Deus resistirá com firmeza" (Dn 11.32); "O Senhor dá força ao seu povo; o Senhor dá a seu povo a bênção da paz" (Sl 29.11); "Tudo posso naquele que me fortalece" (Fp 4.13); "A alegria do Senhor os fortalecerá" (Ne 8.10); "Dure a minha força como os meus dias" (Dt 33.25); "Pois quando sou fraco é que sou forte" (2Co 12.10).

10. Declaro isso cinco vezes:
"O Senhor é a força da minha vida."
"O Senhor é a força da minha vida."
"O Senhor é a força da minha vida."
"O Senhor é a força da minha vida."
"O Senhor é a força da minha vida."

11. Penso na força. Creio na força do Senhor. Falo da força. Joel 3.10 diz: "Diga o fraco: 'Sou um guerreiro!'". Confesso que sou forte. Digo muitas vezes: "Força. Força. Força", enquanto falo a Palavra ao meu espírito. Louvado seja o Senhor!

12. Eu, _____ , declaro que o Senhor é a força da minha vida.

33

PELAS SUAS FERIDAS FUI CURADO

Esse é o testemunho da fé contra o testemunho dos sentidos e da razão.

A razão diz: "Ainda estou sentindo dor".

Os sentidos fazem dueto com o testemunho da razão.

A fé se recusa a reconhecer as sensações ou o que os olhos veem.

Ela permanece bem no centro daquilo que Deus falou.

A Palavra diz: "Certamente ele tomou sobre si as nossas enfermidades", e se Deus diz que Ele tomou sobre si as nossas enfermidades, é verdade, porque essa Palavra é parte de Deus, e toda Palavra que Deus falou é uma parte dele mesmo.

Podemos dizer confiadamente que o que Deus diz, é.

A mesma Escritura declara que: "Pelas suas feridas fomos curados".

Isso foi dito setecentos anos antes de nossas enfermidades terem sido lançadas sobre Cristo.

Dois mil anos já se passaram depois que isso se cumpriu no Calvário.

Nossas enfermidades e doenças, nossos pecados e iniquidades, foram todos levados pelo Mestre; então, se Ele tomou tudo sobre si, é errado que nós os suportemos – porque, ao suportá-los, anulamos o que Cristo fez!

Permanecemos bem no centro da Palavra Viva de Deus.

Recusamo-nos a dar ouvidos a qualquer outra voz.

Marcos 16.18 diz: "Imporão as mãos sobre os doentes, e estes ficarão curados".

Então, quando imponho as mãos sobre os doentes, Deus diz que eles ficarão curados!

Essa Palavra é tão autorizada quanto qualquer outra que saiu dos lábios do Mestre.

A fé declara que já aconteceu.

No momento em que impomos nossas mãos sobre a pessoa enferma, a fé diz: "Obrigado, Pai, estou curado".

Pelas suas feridas fui liberto dessa velha enfermidade.

A fé sempre fala antes de Deus agir.

A verbalização da fé leva Deus a agir.

A fé diz: "Deus declarou que estou curado e tudo que Deus declara, é".

Quando Deus disse: "Haja luminares no firmamento do céu", os luminares foram criados. E quando Deus diz: "Pelas suas feridas você foi curado", isso se torna um fato porque nenhuma Palavra de Deus volta vazia.

Em Romanos 8.11 está escrito: "E, se o Espírito daquele que ressuscitou Jesus dentre os mortos habita em vocês, aquele que ressuscitou a Cristo dentre os mortos também dará vida a seus corpos mortais, por meio do seu Espírito, que habita em vocês".

Aqui Deus está falando a respeito de nossos corpos, que reagem à sua Palavra.

Esses corpos são a casa de Deus, o lugar onde Ele está entronizado e reina como Rei.

Esse Deus vivo que disse: "Pelas suas feridas você foi curado", está aqui em nossos corpos para cumprir essa Palavra Viva.

34

TENHA UMA FÉ ROBUSTA

Você já notou como as pessoas que falam o tempo todo de doenças têm uma grande parte delas em seu corpo? Você já observou que aqueles que falam sobre medo o tempo todo geralmente são pessoas medrosas? Se você pensar bem a respeito, descobrirá que quem fala constantemente sobre escassez, experimenta a escassez como senhor. É um fato bíblico que nossas palavras produzem o tipo de vida que temos. O que você declara é o que você obtém. O que você diz é o que alcança. Jesus disse: "A boca fala do que o coração está cheio".

Há um versículo em Jó que me intrigou bastante. Ele também representa o poder das palavras. É mais uma prova bíblica de que o que você diz é o que você obtém. A passagem é assim: "O que você decidir se fará, e a luz brilhará em seus caminhos" (Jó 22.28). Pelas suas palavras você decide coisas e Deus diz: "Isso se fará". Isso se realizará e se tornará parte da sua vida. Declarar ou decidir uma coisa é um exercício verbal que traz uma resposta: "Isso se fará".

Essa passagem está em harmonia com o que Jesus disse em Marcos 11.23: "Se alguém disser... e não duvidar em seu coração, mas crer que acontecerá o que diz, assim lhe será feito". Tudo o que você disser, ou decidir, se tornará realidade em sua vida. A Bíblia assim o diz.

Há muitas outras evidências bíblicas que confirmam que o que você continuamente fala é o que você terá. Eu creio que você permitirá que essas declarações da Bíblia se arraiguem em sua vida, que quando você decide as coisas elas se concretizarão em sua vida. Quem diz isso? Deus diz. E o que Ele diz é certo, absolutamente certo. E Deus diz que quando você ou eu decidimos algo, isso acontecerá a nós. Jesus disse: "Assim lhe será feito".

Esses versículos, dentre outros, deveriam servir como desafio para termos certeza de que falamos palavras que estejam em sintonia com a Palavra de Deus. Devemos elevar nosso testemunho ao nível das santas Escrituras, treinando nossos lábios para falar somente o que estiver de acordo como "assim diz o Senhor".

O Senhor me deu uma linda cura de um tumor do lado da minha cabeça, cuja cirurgia já estava agendada. Eu ousei declarar: "Pelas suas feridas fui curado". Após declarar isso, dentro de mim a cura já estava determinada e, certamente por intervenção miraculosa, o tumor desapareceu.

Por diversos anos tive uma dívida de milhares de dólares com uma estação de rádio em Saskatchewan (Canadá). Parecia quase impossível ter o dinheiro para pagar a dívida. Comecei a declarar: "Afirmo que o meu Deus suprirá todo o dinheiro para pagar o que devo à estação de rádio em Saskatchewan". Deus, que zela para cumprir sua Palavra, honrou minha afirmação e isso se tornou um fato concreto. No dia 31 de dezembro de 1977 paguei a última parcela de 850 dólares daquela dívida. Louvado seja o Senhor!

O Diabo também escuta

Por favor, não se esqueça deste fato: o Diabo também escuta o seu testemunho. A Bíblia diz que vencemos o Diabo pela Palavra de Deus em nosso testemunho (Ap 12.11). Mas se temos um testemunho no qual a Palavra de Deus não está presente, então o Diabo vai facilmente nos desbaratar. Ou se o nosso testemunho não estiver em harmonia com a Palavra de Deus, então o adversário estará em vantagem.

Se o seu testemunho for de enfermidade, então ele fará a enfermidade se desenvolver e ficar mais forte em seu corpo. Diante da enfermidade, permita corajosamente que o seu testemunho seja o mesmo da própria Palavra de Deus. Diga Mateus 8.17: "Ele tomou sobre si as nossas enfermidades e sobre si levou as nossas doenças".

Fale sobre a Palavra de Deus. Fale sobre a bondade de Deus para com você. Encha seus lábios de louvor pelas orações que você fez e foram respondidas. À medida que agir assim, sua fé crescerá vertiginosamente. Se, ao contrário, você falar sobre suas provações, dificuldades, falta de fé, a sua fé murchará. Ela perderá a vitalidade em sua vida.

A Bíblia ordena em Hebreus 10.23: "Apeguemo-nos com firmeza à esperança que professamos, pois aquele que prometeu é fiel". A nossa parte nesta vida de fé é nos apegarmos com firmeza à nossa confissão; a parte de Deus é cumprir fielmente sua Palavra a nós.

Descobri ao longo dos anos nesta minha caminhada de fé que obtive vitórias à medida que perseverei em me apegar à Palavra de Deus. Quando eu me afastava da Palavra de Deus e dava atenção aos meus sentimentos ou às aparências, eu era derrotado.

Por exemplo, quando minha família e eu ficamos "empacados" em Tel Aviv, Israel, parecia que nossos planos de desenvolver um ministério na África estavam bloqueados. Todas as evidências dos sentidos estavam posicionadas contra nós. "Ouvi" os funcionários da companhia aérea dizendo que levaria muitos dias para chegar à África. "Vi" todos os outros passageiros irem embora – e minha família e eu ficamos para trás. "Senti" total desespero às 2 horas da madrugada. Sabia que não devia me afastar da Palavra de Deus e dar ouvidos às minhas sensações ou às circunstâncias, do contrário seria completamente derrotado. À medida que mantive firme meu coração, declarando a Palavra de Deus, essa Palavra sobrenatural prevaleceu contra nossas circunstâncias tão desanimadoras e dentro de horas estávamos a caminho da África.

As batalhas mais difíceis por que você passará seguem essa linha. Mas as maiores vitórias que você terá serão aqueles em que tudo o mais diz "impossível". Não sei tudo a respeito de teologia, da vinda do Senhor e dos os eventos futuros. Mas há algo que eu sei de verdade por meio de belas experiências que tive vivendo na Palavra: quando você ousa apegar-se com firmeza à sua confissão da Palavra de Deus, o impossível se torna possível.

Desafio você: nunca ceda ao adversário. Você e Deus são senhores da situação. Lembre-se sempre que Jesus enfrentou a derrota e a venceu. Você esta encarando a derrota por toda a parte, mas encare-a como senhor, em nome de Jesus. E nesse nome, você vence. Não desanime. Fique firme na linha de frente. Deus é por você e você não pode ser derrotado.

Quando você declara algo, na verdade decreta aquilo na sua vida. Se declarar necessidade, é isso que terá como senhor de sua vida. Mas se declarar as provisões de Deus para as suas necessidades, você experimentará o sustento dele. Se declarar fraqueza, é isso que terá. Mas se declarar que o Senhor é a força da sua vida, experimentará essa força. Se você declarar medo, terá sua parcela de uma vida cheia de medo. Se declarar a coragem concedida por Deus, será corajoso, e não medroso.

Outra razão de estar tão derrotado na vida é ter falado a linguagem da dúvida e da incredulidade. Não se pode fazer isso sem sofrer as consequências. Você fala de dúvida e ela cresce como um gigante e prende você. Fala de incredulidade e conhecerá o tormento da incredulidade pelo resto da vida. Fala de como sua fé é pequena e será tão fraco quanto o homem natural. Mas visto que é uma nova criatura em Cristo Jesus, você deveria ter o vocabulário do vencedor.

O que você diz, alcança. O que confessa é o que possui. O que declara é o que experimenta. Você fala de fracasso e, por onde quer que vá, fracassará. Desafio você a fazer uma confissão corajosa, confiante.

Ouse ser uma pessoa de Jesus. Não se conforme com a multidão. Seja um homem de Jesus, uma mulher de Jesus. Encha-se do amor de Jesus. Encha-se de entusiasmo no seu trabalho. Lance fora todo espírito de medo, em nome de Jesus. Resolva hoje aquela dificuldade que tem atrapalhado sua vida.

Declare as coisas certas, as coisas da Palavra de Deus, e maravilhas acontecerão a você. Faça declarações negativas e coisas adversas e negativas serão sua herança na vida.

Tenha uma fé robusta, a fé que vence.

35

PALAVRAS AO SEU SERVIÇO

Palavras são as maiores coisas do mundo. Palavras são pensamentos colocados em vestimentas de modo que possam ser usados e trocados comercialmente.

Pensamentos nus não podem ser vistos, ouvidos, sentidos nem vendidos; somente pensamentos colocados em palavras têm valor.

As palavras podem ter tremendo valor se forem preenchidas com o tipo certo de material.

As palavras fizeram com que a Áustria se tornasse parte da Alemanha, na Segunda Guerra Mundial.

As palavras pedem ações, atitudes.

As palavras movem o mundo, mobilizam nações, acendendo em um povo a chama da ambição ou do sofrimento.

Deus nos ajuda a usar as palavras de maneira sábia.

A Bíblia é feita de palavras, palavras cheias de Deus, cheias de amor.

Hoje, você e eu vamos sair para comprar, vender e trabalhar e faremos tudo isso usando palavras.

Vamos usá-las como usaríamos o ouro, tratá-las como se fossem diamantes, coisas seletas, excelentes.

Para muitos, as palavras são tão comuns quanto a poeira.

Outros as consideram como algo de algum valor.

Mas o sábio é cuidadoso com suas palavras.

Disse algo um dia desses e isso me custou trezentos dólares. Não deveria ter tido aquilo.

Conheci um homem que disse apenas uma frase e ela lhe custou uma vida inteira de trabalho.

As palavras são coisas poderosas.

Pelas palavras, você é salvo. Pelas palavras, você está perdido.

36

NUNCA ESTOU ACIMA DA MINHA DECLARAÇÃO

"Apeguemo-nos com firmeza à esperança que professamos, pois aquele que prometeu é fiel." – Hebreus 10.23

Fale essas palavras como uma declaração de fé pessoal. Nunca estou acima de minha confissão. Uma declaração negativa me coloca no mesmo nível dessa confissão. É o que declaro com meus lábios que realmente me controla. Se for negativa, a minha confissão me aprisiona, mas se for positiva, me liberta. Eu obtenho aquilo que declaro. Eu alcanço aquilo que digo. "Mas crer que acontecerá o que diz, assim lhe será feito" (Mc 11.23).

Se eu estiver sempre falando de meus erros e minha falta de fé, invariavelmente descerei ao nível dessa declaração. Quando confesso falta de fé, a incredulidade aumenta. Toda vez que confesso dúvidas e medos, estou confessando minha fé em Satanás e negando o poder e a graça de Deus. Quando confesso a dúvida, fico aprisionado pelas minhas próprias palavras. Provérbios 6.2 diz: "Está prisioneiro do que falou".

Uma declaração errada expulsa Deus de minha vida e deixa Satanás entrar. Se eu duvidar da Palavra, é porque creio em algo mais que é contrário a ela. Recuso-me a ter qualquer coisa a ver com uma declaração errada. Quando percebo que nunca estou acima de minha confissão, estou chegando ao lugar onde Deus pode me usar. Efésios

4.29 diz: "Nenhuma palavra torpe saia da boca de vocês, mas apenas a que for útil para edificar os outros, conforme a necessidade, para que conceda graça aos que a ouvem". Uma confissão errada é palavra torpe. Eu *falo somente o que for útil para edificar os outros.*

"Não deem lugar ao Diabo" (Ef 4.27). Recuso-me a testificar pelo adversário. Eu *penso* na fé, *falo* da fé, *ajo* em fé. Sou governado pelas minhas confissões.

O que confesso com meus lábios é o que realmente me domina. Obrigo meus lábios a cumprirem sua função. Recuso-me a permitir que os meus lábios destruam a eficácia da Palavra de Deus em relação a mim.

Se eu oscilar em minha fé, não receberei nada do Senhor. É com o meu coração que eu creio e com a minha boca declaro para salvação, cura, provisão, livramento, força!

Eu não confesso somente com os meus lábios, também posso negar em meu coração. Recuso-me a declarar com os meus lábios, mas em meu coração digo: "Mas a Palavra não se aplica a mim". A declaração de meus lábios não tem valor se o meu coração a repudia. Eu entendo a Palavra e me levanto para tomar posse dela!

37

AS PALAVRAS DO PAI
NOS LÁBIOS DE JESUS

Quando entendemos que o Pai e sua Palavra são um, a Bíblia se torna um novo livro. Quando percebemos que é o Mestre falando diretamente conosco, então a Palavra se torna realidade para nós.

Jesus nos diz em João 12.47-49: "Se alguém ouve as minhas palavras, e não lhes obedece, eu não o julgo. Pois não vim para julgar o mundo, mas para salvá-lo. Há um juiz para quem me rejeita e não aceita as minhas palavras; a própria palavra que proferi o condenará no último dia. Pois não falei por mim mesmo, mas o Pai que me enviou me ordenou o que dizer e o que falar".

Em nenhum lugar Jesus afirma ser original ou que as suas palavras eram originais. Ele sempre declara que está falando as palavras do Pai.

Quando Jesus curou os enfermos, era a Palavra do Pai em seus lábios. Quando disse: "Lázaro, sai para fora", foram as palavras do Pai que realizaram o milagre.

Quando falou com a figueira e ela secou, era a Palavra do Pai em seus lábios. Quando acalmou o mar, quando multiplicou os pães, quando curou os enfermos e ressuscitou os mortos, era a Palavra do Pai em seus lábios.

Quando Ele disse: "Eu sou a luz do mundo", estava falando o que seu Pai lhe mandou falar.

As palavras do Pai nos lábios de Jesus, então, trouxeram vida aos mortos, cura aos enfermos, membros perfeitos aos aleijados, comida

aos famintos, visão aos cegos e libertação do medo da morte.
Você consegue captar o sentido disso?
Jesus fez tudo isso com palavras.
Agora, nos deu suas Palavras. Ele é a garantia desta nova aliança, de Mateus a Apocalipse. Podemos usar suas Palavras agora. Em nossos lábios, elas realizarão o mesmo tipo de milagres que as Palavras do Pai realizaram em seus lábios.

É uma questão de utilizarmos o que Ele nos deu. Para ilustrar, podemos imaginar que Ele encheu a terra com petróleo, mas ninguém prestou atenção a isso. É como se estivéssemos num lugar precisando de combustível e gás, mas ignorando a reserva cheia de petróleo. Esse seria um exemplo do que estamos fazendo com a Palavra viva de Deus.

Hoje temos poder para curar todos os enfermos, temos capacidade de suprir cada necessidade de homens e mulheres à nossa volta, e essas necessidades são maiores do que a necessidade de combustível ou gás.

Temos as palavras que dão cura, salvação, libertação, alegria, paz e descanso. Temos as palavras que dão fé aos desanimados, força aos fracos, esperança ao coração desesperado e livramento aos que estão sendo mantidos em cativeiro.

Mas nós nos abstemos de usar as palavras que fazem tudo isso.

Você entende que a capacidade de Deus está envolvida em suas Palavras. Essas palavras nos foram dadas. Podemos usá-las.

Como o mundo precisa delas! Agora, comece a falar suas Palavras. Permita que elas se tornem vivas em seus lábios. Ouse dizer aos enfermos: "Em nome de Jesus, você está curado". Ao homem na escravidão: "Em nome de Jesus, demônio, saia deste homem".

Ouse assumir o seu lugar.

38

FALE PARA SER

Em 1961 fui desafiado por um homem, que me disse: "Fale o que você gostaria de ser e você será o que você fala". Comecei a falar. Não da forma como as coisas eram então, mas da forma como eu gostaria que elas fossem. Descobri que isso estava em harmonia com as Escrituras: "Eu lhes asseguro que se alguém disser a este monte: 'Levante-se e atire-se no mar', e não duvidar em seu coração, mas crer que acontecerá o que diz, assim lhe será feito" (Mc 11.23).

Eu acabara de perder minha casa de cinco cômodos com todos os móveis por causa de uma reintegração de posse. Eu falara pobreza e colhera pobreza. Então, mudei o tom e comecei a declarar: *"Deus me dá riqueza e saúde"*. Isso se harmonizava com 3João 2: "Amado, oro para que você tenha boa saúde e tudo lhe corra bem, assim como vai bem a sua alma". Dizer "Deus me dá riqueza e saúde" quando eu estava sem nenhum dinheiro, sem casa e sem móveis, com minha família morando em dois quartinhos num motel em Victoria, era "falar o que eu gostaria de ser para que eu fosse o que eu falava".

Outro poema de poder pelo qual comecei a viver foi: *"Eu possuo o que declaro"*. Estava aprendendo que *eu obtenho o que digo*. Então, comecei a declarar: "O meu Deus suprirá todas as minhas necessidades, de acordo com as suas gloriosas riquezas em Cristo Jesus" (Fp 4.19). Disciplinei meus lábios e mantive o meu coração firme na provisão de uma casa, de móveis, mas acima de tudo, de um ministério que me possibilitaria ser um conquistador em Jesus, uma ajuda verdadeira a pessoas algemadas à pobreza, acorrentadas e oprimidas.

Assim, comecei a cantar: *"Eu sei, estou livre".* Sabia que Jesus veio libertar os cativos e eu era um cativo, preso às opressões do medo, ansiedade, preocupação e frustração. "Foi para a liberdade que Cristo nos libertou. Portanto, permaneçam firmes e não se deixem submeter novamente a um jugo de escravidão" (Gl 5.1). Aprendi a rebelar-me contra a pobreza, o fracasso e a tirania, em qualquer de suas formas.

Falei assim: Sou um conquistador na vida. Sempre faço aquilo que agrada a meu Senhor. Utilizarei os métodos modernos de comunicação para pregar o Evangelho. Terei sucesso como um radiodifusor. O Espírito Santo colocou muitos livros em meu coração. Escreverei todos esses livros.

Falei o que iria ser. Confessei a Palavra. Recusei-me a fazer declarações negativas.

Quanto à casa que compramos em Surrey, comecei a afirmar: farei todos os pagamentos, sem falta. O Diabo não pode nunca roubar esta casa de nós. Eu a mobiliarei de forma adequada para o conforto da minha família. Seremos todos felizes e realizados nesta casa.

Meu registro anterior era de fracasso, um problema atrás do outro nas questões financeiras. Não fora bem sucedido nos programas de rádio. Não tinha condições de publicar livros, embora meu coração estivesse ardendo com as verdades que queria escrever.

Continuei falando o que eu iria ser e, louvado seja Deus, me tornei aquilo que eu falava. Fui capacitado por Deus para resistir às tempestades e triunfar por meio de sua graça.

É claro que minha principal fonte, quanto ao conteúdo de minha fala, era a Palavra de Deus. Jesus declarou: "As palavras que eu lhes disse são espírito e vida" (Jo 6.63). "A Palavra de Deus é viva e eficaz, e mais afiada que qualquer espada de dois gumes" (Hb 4.12).

Este "princípio de falar de antemão" é o principal ingrediente da fé. 2Coríntios 4.13 diz: "Está escrito: 'Cri, por isso falei'. Com esse mesmo espírito de fé nós também cremos e, por isso, falamos". Este texto bíblico nos ensina como a fé funciona: crer primeiro em seu coração, depois falar aquilo que você crê. É na *Palavra* que cremos; portanto, falamos a Palavra que dá vida.

As declarações de fé foram nossa vitória. Falamos de antemão o que iríamos ser.

Declarei: "Serei usado por Deus para ganhar milhares de pessoas para Cristo". Isso foi realmente na esfera da fé porque de forma alguma estávamos ganhando milhares de pessoas para Cristo. Então, nos tornamos aquilo que falávamos; literalmente, milhares de almas foram ganhas para Cristo.

Ao superar nosso constante fracasso nos programas de rádio, comecei a proclamar: "Seremos bem sucedidos em estações de rádio no mundo todo". Louvado seja Deus, isso tem sido um fato glorioso.

Com esta forte ambição de abençoar o corpo de Cristo por meio de princípios de fé que eu aprendi através de difíceis provas, afirmei: "Serei capaz de publicar essas verdades dinâmicas da Palavra para edificar as pessoas". Agora, vários anos mais tarde, mais de 20 milhões de exemplares de meus livros saíram das gráficas.

Testifiquei pela fé: "Meus cinco filhos crescerão fortes no Senhor e serão úteis a Ele". Louvado seja Deus, isso tem sido uma gloriosa realidade, à medida que eles vivem debaixo do senhorio de Jesus Cristo.

A minha declaração precedeu minha posse. Declarei: "Tenho fé que sou corajoso". Por meio de um ministério ousado temos testemunhado resultados sobrenaturais de curas e livramentos em todos os lugares por onde temos passado, levando as boas-novas.

Você alcança o que você diz. Eu alcanço o que digo. Eu disse: "Não há espaço para a tristeza". Insistentemente, a tristeza e a depressão tentaram me prender com suas terríveis garras. Eu resisti em Jesus e venci. Posso até acrescentar: "Sorrir é o meu estilo".

Nosso lema é: "Vivo para dar. Viver é dar e não obter". A vida doadora é a vida vencedora.

38. FALE PARA SER

Inúmeros anos da graça e misericórdia de Deus, de triunfo e realizações. Vários anos de almas ganhas e frutos.

Regozijo-me em Cristo por minha escolha. Temos buscado "ganhar o perdido, a qualquer custo". Por sua graça somos vencedores!

39

NUNCA SEJA NEGATIVO

Filipenses 4.13 é a mensagem de Deus para você hoje: "Tudo posso naquele que me fortalece".

Você se torna uma pessoa que tudo pode, capaz de fazer qualquer coisa que Ele quiser que você faça. Sempre que Ele dá uma ordem significa que, junto com a ordem, vai sua capacidade para obedecê-la.

Não se aprisione com negações e declarações do tipo "não consigo", "não posso", "não sou capaz".

Liberte-se totalmente do passado que deteriorou e contaminou tudo à sua volta. Venha para um novo dia, um novo presente, com a capacidade de Deus dando-lhe cobertura.

Cante: "Deus está trabalhando dentro de mim. Deus e eu podemos vencer. O Espírito da verdade está fazendo as coisas acontecerem em meu coração".

Diga isso repetidas vezes e todo o seu ser será invadido pela luz. A Palavra se tornará viva em seus lábios e você será capaz de orar com a consciência de que está alcançando o trono e obtendo aquilo pelo qual está orando.

Não espere melhorar seu grau de escolaridade ou conseguir mais instrução; use o que você tem agora.

Deixe que a Palavra de Cristo habite em você ricamente, dominando tudo que você fizer.

Tenha um testemunho positivo. Que sua confissão diária seja: "O meu Deus suprirá todas as minhas necessidades..." financeiras, espirituais, intelectuais.

Que o mundo saiba que Ele o abençoou com todas as bênçãos espirituais aqui e agora, e que você está desfrutando de um contato com Ele, hoje, no presente.

Efésios 3.20 é para você. "Àquele que é capaz de fazer infinitamente mais do que tudo o que pedimos ou pensamos, de acordo com o seu poder que atua em nós".

Deixe Deus ter liberdade para agir em você. Você o manteve preso, limitando-o. Você o diminuiu em sua vida, embora Ele seja o Deus Criador.

Você o privou de sua iniciativa. Você o silenciou quando Ele ia falar.

Você se apegou à sua própria fraqueza e fracasso, quando a força dele estava ao seu dispor.

Você falou de fracasso. Você falou de doença. Você falou negativamente, quando deveria ter sido positivo.

Você deveria ter dito firmemente: "Sei em quem tenho depositado minha confiança. Sei que Ele é capaz e tem todo o poder de fazer de mim um sucesso. Tenho a capacidade de Deus dentro de mim".

Declare em voz alta, muitas e muitas vezes

O Salmo 23.1 diz: "O Senhor é o meu pastor; de nada terei falta". Ele me guia pelas riquezas de sua graça, na plenitude de suas bênçãos.

No Salmo 27.1 temos: "O Senhor é a minha luz e a minha salvação; de quem terei temor? O Senhor é o meu forte refúgio; de quem terei medo?".

O Senhor aqui é Jesus. O Senhor de quem o salmista está falando é Aquele que se entregou por você.

Ele o ama agora e anseia por levantá-lo e fazer de você um sucesso. Ele é, agora mesmo, sua ajuda. Não faz diferença a situação em

que você esteja, as dificuldades pelas quais esteja passando. Ele é maior.
   Não faz nenhuma diferença quais sejam suas limitações ou qual enfermidade esteja em seu corpo, ou sua falta de dinheiro.
   Deus está aí com você, agora. Ele está aí com sua onipotência. Ele está aí com sua perfeita sabedoria. Ele está aí com cura e vitória para você. Agradeça-lhe por isso. Diga-lhe que você está feliz e grato por Ele estar com você.
   João 14.23 diz: "Se alguém me ama, obedecerá à minha palavra. Meu Pai o amará, nós viremos a ele e faremos morada nele".
   Ele está aí com você agora.
   Dê a Ele um lugar, honre-o. Agradeça por sua presença. Agradeça pelo poder dele.
   Agradeça-lhe porque os fracassos do passado ficaram para trás e você agora está vivendo sob o brilho da vitória.

40

QUANDO EU NÃO SINTO

"Assim lhe será feito." – Marcos 11.23

Eu alcanço o que digo. Possuo o que declaro. Minha declaração da Palavra precede minha posse das promessas contidas na Palavra de Deus. Mateus 4.4 diz: "Nem só de pão viverá o homem, mas de toda palavra que procede da boca de Deus". Quando percebo que obtenho o que digo, eu permito que a Palavra de Deus prevaleça e tenha passagem livre. Eu me empenho em falar somente a Palavra (Mt 8.8).

Quando necessito de cura, falo em voz alta o maior número de vezes possível: "Por suas feridas fui curado" (1Pe 2.24). Digo isso quando sinto vontade de fazê-lo, mas principalmente quando não sinto vontade. Quando a dor aguda aflige meu corpo, eu digo essa frase. Quando acordo no meio da noite com sintomas de alguma indisposição, digo essa frase. Digo isso quando me levanto de manhã e quando me deito, à noite. Digo com toda a confiança que consigo reunir. Digo quando não tenho nenhuma confiança. Digo. Digo. Digo. Declaro Isaías 53.5: "Pelas suas feridas fui curado".

Quando estou fraco, interrompo o silêncio recitando Salmo 27.1, "O Senhor é o meu forte refúgio", e Filipenses 4.13, "Tudo posso naquele que me fortalece". Sim, digo quando estou bem e forte, mas principalmente quando me sinto fraco e derrotado. Digo quando estou no ápice das bênçãos espirituais; e principalmente quando estou lá embaixo, no vale da melancolia e do desespero.

40. QUANDO EU NÃO SINTO

Quando estou com medo, falo com autoridade 2Timóteo 1.7: "Pois Deus não nos deu espírito de covardia, mas de poder, de amor e de equilíbrio". Eu relaxo e falo em voz alta e meu medo desaparece. Sentindo ou não sentindo, sei que o Senhor vive e habita em mim e minha segurança está nessa Rocha firme.

Quando sou tentado a duvidar da Palavra de Deus, duvido daquela dúvida; a dúvida é do Diabo e Deus me classifica como crente. Se eu creio, recebo; se duvido, fico sem. Falo com certeza e ousadia Romanos 12.3: "De acordo com a medida da fé que Deus lhe concedeu". A fé é algo que eu tenho porque Deus deu a todo homem a medida da fé. A fé é o que eu creio de fato no profundo do meu coração.

Quando falta o dinheiro, falo essas oito palavras: "O meu Deus suprirá todas as minhas necessidades" (Fp 4.19). Digo isso quando tenho dinheiro na conta e quando o saldo é zero. Digo isso quando meus sentidos me dizem que estou prosperando e quando parece que fui assolado pela pobreza.

Quando vivo pela Palavra, duas grandes promessas me garantem esses resultados:

Salmo 1.3: "Tudo o que ele faz prospera!"
Josué 1.8: "Os seus caminhos prosperarão e você será bem-sucedido."

De manhã, à tarde e à noite e em qualquer outro momento, falo a Palavra de Deus. Essa é a maior autodisciplina à qual me dedico: falar a Palavra de Deus a todo o tempo, em qualquer circunstância. Penso na Palavra de Deus em silêncio, depois falo em voz alta o máximo de vezes possível. Digo-a quando estou exultando no Espírito! Digo-a quando sinto vontade de dizer, mas, principalmente, quando não sinto vontade!

41

"VOCÊ É DE DEUS"

Você é de Deus. Esse é o crente. Ao falar de outro grupo de pessoas, ele diz: "Eles são do mundo, portanto, falam como se fossem do mundo".

Mas nós somos de Deus. "Se alguém não nascer de cima, do Espírito, da Palavra, não pode entrar no reino de Deus".

Recebemos a natureza, a vida e a capacidade de Deus.

Junto com a natureza de Deus, recebemos suas características. Se tivermos comunhão com Ele, iremos adquirir os hábitos de Deus que vemos em Jesus em sua caminhada terrena.

Aprendemos a linguagem do céu, de modo que a Palavra se torna parte de nós, à medida que ela entra em contato conosco.

1João 4.4: "Filhinhos, vocês são de Deus e os venceram". Demore-se nesta expressão: "E os venceram".

A obra foi realizada. Quando Jesus venceu o adversário, você estava com Ele. Essa vitória foi sua.

Agora Ele está nos dizendo que somos vencedores.

1João 2.14: "Eu lhes escrevi, porque vocês são fortes, e em vocês a Palavra de Deus permanece e vocês venceram o Maligno".

Eles o venceram naqueles dias pela Palavra que vivia neles.

A Palavra é a voz de Deus, Deus falando a nós. É uma parte dele. É Deus em nós que venceu o maligno. As forças que se arregimentaram contra nós foram subjugadas, aprisionadas.

"Eles o venceram pela palavra de seu testemunho". Essa palavra é o Logos, a Palavra de Deus.

Somos vencedores hoje pelo nosso testemunho.

É o nosso testemunho que vence. Derrotamos o adversário com nosso testemunho, nossa declaração de fé.

Declaramos que o Espírito que ressuscitou a Jesus dentre os mortos, e que habita em nós, curou nossos corpos, nos deu força e clareza à nossa mente e nos fez vencedores, onde a derrota reinara durante anos.

Agora Ele diz: "E o venceram". Por quê? "Porque maior é aquele que está em você do que aquele que está no mundo".

Aquele que está em nós é maior.

Gosto de pensar que o Espírito Santo não deixou de lado nenhuma de suas capacidades, sabedoria ou poder quando fez do corpo do crente sua morada.

Ele pode usar a espada do Espírito através de nossos lábios e derrotar qualquer força.

Vencemos pela Palavra em nossos lábios.

O nome de Jesus em nossos lábios é tão poderoso quanto as palavras que saíram dos lábios de Jesus quando ele andou na terra.

Nós não percebemos isso.

Não percebemos que a Palavra de Cristo em nossos lábios é exatamente como as palavras que saíam dos lábios do Mestre.

É difícil para nós aceitar o fato de que sua Palavra se torna viva nos lábios do crente.

Ela traz conforto e consolo ao coração. Tem poder e autoridade nos lábios.

Você enfrenta a vida sem medo; você enfrenta a vida como um vencedor.

42

MINHA LISTA DOS "NUNCA MAIS"

Nunca mais declararei "Não consigo" porque "Tudo posso naquele que me fortalece" (Fp 4.13).

Nunca mais declararei necessidade porque "O meu Deus suprirá todas as minhas necessidades, de acordo com as suas gloriosas riquezas em Cristo Jesus" (Fp 4.19).

Nunca mais declararei medo porque "Deus não me deu espírito de covardia, mas de poder, de amor e de equilíbrio" (2Tm 1.7).

Nunca mais declararei dúvida e falta de fé porque tenho recebido fé, "De acordo com a medida da fé que Deus lhe concedeu" (Rm 12.3).

Nunca mais declararei fraqueza porque "O Senhor é o meu forte refúgio" (Sl 27.1) e "O povo que conhece o seu Deus resistirá com firmeza" (Dn 11.32).

Nunca mais declararei o domínio de Satanás em minha vida porque "Aquele que está em mim é maior do que aquele que está no mundo" (1Jo 4.4).

Nunca mais declararei derrota porque "Deus sempre nos conduz vitoriosamente em Cristo" (2Co 2.14).

Nunca mais declararei falta de sabedoria porque "Cristo Jesus se tornou sabedoria de Deus para nós" (1Co 1.30).

Nunca mais declararei doença porque "pelas suas feridas fui curado" (Is 53.5) e Jesus "Tomou sobre si as nossas enfermidades e sobre si levou as nossas doenças" (Mt 8.17).

42. MINHA LISTA DOS "NUNCA MAIS"

Nunca mais declararei preocupações e frustrações porque lanço "Sobre ele toda a minha ansie-dade porque ele tem cuidado de mim" (1Pe 5.7). Em Cristo sou livre de preocupações!

Nunca mais declararei escravidão porque "Onde está o Espírito do Senhor, ali há liberdade" (2Co 3.17). O meu corpo é o templo do Espírito Santo!

Nunca mais declararei condenação porque "Agora já não há condenação para os que estão em Cristo Jesus" (Rm 8.1). Estou em Cristo, portanto, estou livre da condenação.

Nunca mais confessarei solidão. Jesus disse: "E eu estarei sempre com vocês, até o fim dos tempos" (Mt 28.20) e "Nunca o deixarei, nunca o abandonarei" (Hb 13.5).

Nunca mais declararei maldições e azar porque "Cristo nos redimiu da maldição da Lei quando se tornou maldição em nosso lugar, pois está escrito: 'Maldito todo aquele que for pendurado num madeiro'. Isso para que em Cristo Jesus a bênção de Abraão chegasse também aos gentios, para que recebêssemos a promessa do Espírito mediante a fé" (Gl 3.13-14).

Nunca mais declararei insatisfação porque "Aprendi o segredo de viver contente em toda e qualquer situação (circunstância)" (Fp 4.11).

Nunca mais declararei indignidade porque "Deus tornou pecado por nós aquele que não tinha pecado, para que nele nos tornássemos justiça de Deus" (2Co 5.21).

Nunca mais declararei confusão porque "Deus não é Deus de desordem, mas de paz" (1Co 14.33) e "Nós, porém, não recebemos o espírito do mundo, mas o Espírito procedente de Deus, para que entendamos as coisas que Deus nos tem dado gratuitamente" (1Co 2.12).

Nunca mais declararei perseguição porque "Se Deus é por nós, quem será contra nós?" (Rm 8.31).

Nunca mais declararei o domínio do pecado em minha vida porque "Por meio de Cristo Jesus a lei do Espírito de vida me libertou da lei do pecado e da morte" (Rm 8.2) e "Como o Oriente está longe do Ocidente, assim ele afasta para longe de nós as nossas transgressões" (Sl 103.12).

Nunca mais declararei insegurança porque "Quando se deitar, não terá medo, e o seu sono será tranquilo. Não terá medo da calamidade repentina nem da ruína que atinge os ímpios, pois o Senhor será a sua segurança e o impedirá de cair em armadilha" (Pv 3.24-26).

Nunca mais declararei fracasso, "Mas em todas estas coisas somos mais que vencedores, por meio daquele que nos amou" (Rm 8.37).

Nunca mais declararei frustração porque "Tu, Senhor, guardarás em perfeita paz aquele cujo propósito está firme, porque em ti confia" (Is 26.3).

Nunca mais declararei medo do futuro porque "Todavia, como está escrito: 'Olho nenhum viu, ouvido nenhum ouviu, mente nenhuma imaginou o que Deus preparou para aqueles que o amam'; mas Deus o revelou a nós por meio do Espírito" (1Co 2.9-10).

Nunca mais declararei dificuldades porque Jesus disse "Neste mundo vocês terão aflições; contudo, tenham ânimo! Eu venci o mundo" (Jo 16.33).

EXERCÍCIO DE FÉ

Fale o que você gostaria de ser e você será o que fala

Você declara Jesus como Senhor "para salvação" (Rm 10.10). Você o confessa primeiro, depois Deus age recriando o seu espírito. Esse Princípio de Falar Primeiro é claramente visto nas Escrituras. "O Deus que dá vida aos mortos e chama à existência coisas que não existem, como se existissem" (Rm 4.17). Na Criação, Deus falou primeiro, depois as coisas vieram a existir. Você fala, depois toma posse. Você fala o que gostaria de ser e se transforma naquilo que você fala.

"Para que a comunhão que procede da sua fé seja eficaz no pleno conhecimento de todo o bem que temos em Cristo" (Fm 6). A sua fé se torna eficaz quando você reconhece ou verbaliza todo o bem que você tem em Cristo Jesus. Você fala; as coisas se tornam realidade.

"Está escrito: 'Cri, por isso falei'. Com esse mesmo espírito de fé nós também cremos e, por isso, falamos" (2Co 4.13). Para que sua fé seja ativada, você verbaliza!

Você deseja ter saúde? Declare então os textos bíblicos que dão saúde. Quando você falar a Palavra, Provérbios 4.22 lhe garante que esse processo da Palavra viva produzirá 'saúde para todo o seu ser'. Fale "Tenho uma mente saudável, olhos, nariz, boca, coração, veias, nervos, ossos, órgãos saudáveis". Se você tiver um problema cardíaco, fale para essa montanha, Jesus declarou e "assim lhe sucederá" (Mc 11.23).

Você deseja ser um cristão forte? "Diga o fraco: 'Sou um guerreiro!'" (Jl 3.10). Não é o forte que afirma ser forte, mas, sim, o fraco. É preciso falar primeiro, para que depois se transforme em realidade. Essa é a fé que agrada a Deus.

Você deseja ser uma pessoa amorosa? Então fale isso, porque "Deus derramou seu amor em nossos corações por meio do Espírito Santo que ele nos concedeu" (Rm 5.5). Você deseja ser bem-sucedido? Então, fale de sucesso. Você deseja ser corajoso em Cristo? Fale ousadamente porque "os justos são corajosos como o leão" (Pv 28.1).

Homenagem a

E. W. KENYON e DON GOSSETT

43

"HOUVE UM HOMEM ENVIADO POR DEUS"

Por rev. Jack Mitchell

Em 1931, um desconhecido chegou ao Noroeste do Pacífico nos trazendo uma mensagem de amor. Ele pregou uma mensagem Daquele que nos amou e se entregou a si mesmo, morrendo para que pudéssemos ingressar na família do grande Deus Pai. Ele trouxe a mensagem da redenção, da cura e da justificação. Por meio de seu ministério, a verdade alcançou nossos corações famintos.

Durante anos, os programas de rádio matutinos do dr. Kenyon enriqueceram a vida de milhares de pessoas. Muitos ouviram seu animado "Bom dia!" pelo rádio, seguido da frase "Bom dia, amigos ouvintes, que alegria estar aqui novamente com vocês!".

Muitos que nunca haviam frequentado uma igreja foram alcançados para Cristo através desses programas. Quando visitei uma pequena propriedade no extremo sul, ouvi o testemunho de um fazendeiro e sua esposa que paravam seus afazeres matinais para ouvir o programa todas as manhãs. Seus corações foram atraídos pela mensagem de amor e, finalmente, foram ganhos para o Senhor Jesus Cristo. Palavras não podem expressar o que essas mensagens, vindas do coração do Pai, significavam para eles.

Nosso coração se enche de gratidão pela fidelidade deste homem, por nos apresentar o que Deus lhe concedeu. O enriquecimento espiritual que o conhecimento mais profundo da Palavra de Deus nos trouxe, de fato tornou esse homem, por meio de quem a luz brilhou, muito estimado para nós. Para alguns, as fronteiras do reino do céu foram ampliadas. Uma vez que estávamos do lado de fora, agora somos companheiros, membros deste grandioso reino eterno que não pode ser abalado.

Ele foi encontrar-se com o Senhor, para desfrutar da glória do céu. Deixa para trás vastos tesouros dados por Deus, de bênçãos espirituais, para nós desfrutarmos enquanto ele recebe a recompensa que certamente aguarda o ministro fiel. Considero um raro privilégio tê-lo conhecido e ter experimentado a alegria de sua companhia. Que o Senhor abençoe a memória dele em nossos corações.

44

O CONSTRUTOR DA FÉ

Por rev. Carl Olson

Entrei em contato com o ministério do dr. Kenyon pelo rádio. Foi um privilégio para mim estar direta ou indiretamente envolvido em seu ministério por cerca de dez anos.

Dr. Kenyon teve um ministério longo e frutífero por mais de cinquenta anos e continuará vivendo no coração daqueles que o conheceram e nos livros que trabalhou tão arduamente para deixar nas mãos da posteridade.

Tenho certeza que o Senhor o recebeu no céu como um de seus grandes Generais da Fé. Paulo escreveu a Timóteo: "Combati o bom combate da fé", "Seja um bom soldado do Senhor Jesus Cristo" e "Muito bem, servo bom e fiel – entra no gozo do teu Senhor".

Dr. Kenyon era conhecido como o professor dos professores. No rádio, ele era conhecido como "O Construtor da Fé". Ao longo de seu ministério da Palavra, homens e mulheres se tornaram agradáveis a Deus. Que desafio isso é para todo obreiro cristão. Muitos jovens pastores e obreiros iniciaram o seu ministério recebendo impulso, inspiração e motivação no conselho amigável e nas orientações do dr. Kenyon. Ele conhecia o segredo de um ministério bem-sucedido. Ele era um madrugador e, por meio de sua comunhão com o Senhor, era capaz de ajudar e edificar as pessoas. Ele tinha amor e encorajamento para todos. O único inimigo que ele reconhecia era o Diabo e seus auxiliares. Mas ele sabia como lidar com eles no nome de nosso Senhor Jesus Cristo.

Dr. Kenyon sabia o segredo do amor divino. Ele amava os homens e as mulheres do reino de Deus e edificava neles a Palavra para que pudessem permanecer firmes e vitoriosos. Ele dizia: "Prefiro morrer a ser um fracasso. Você é um sucesso porque está ligado com a Onipotência. Deus nunca produziu um fracasso. Você tem a vida de Deus. Você tem a capacidade e a força dele".

Dr. Kenyon era um mestre das palavras. Para mim ele era o orador mais eloquente e contundente que já vi. Suas mensagens da Palavra de Deus eram sempre novas e vinham embaladas em dinamite divina.

Ele foi um pioneiro no trabalho radiofônico na costa oeste. Esse ministério tem tido um efeito de longo alcance na Igreja. Milhares aqui no Noroeste e milhões pelo mundo todo, através de seus livros, têm sentido o impacto do ministério que este homem desenvolveu. Verdadeiramente ele era um grande embaixador do Senhor Jesus Cristo.

Dr. Kenyon foi um fiel ministro da Palavra de Deus. Não se tem notícia se ele ter chegado atrasado para algum culto ou compromisso. Suas mensagens, vindas do Senhor, eram edificantes e aumentavam a fé. Eram mensagens únicas e definitivamente para estes últimos dias em que vivemos. Nós, que conhecemos pessoalmente o dr. Kenyon, apreciamos a Palavra mais e mais, conforme ele a explicava para nós.

Se você ainda não conhece os outros livros do dr. Kenyon, não perca mais tempo. Ao lê-los, descobrirá o quanto podem ser úteis ao seu ministério, qualquer que seja ele. Alegro-me pelo fato de o Senhor ter permitido que eu conhecesse este grande homem de Deus. Não consigo traduzir em palavras o quanto seu ministério significou para mim e os meus. Que o Senhor diga a respeito de nós, um dia: "Muito bem, servo bom e fiel".

45

O MINISTÉRIO DO
DR. E. W. KENYON

Por rev. Don Gossett

Em 1952, estava trabalhando com o evangelista William Freeman, no estado da Califórnia. Uma senhora evangelista, Daisy Wiltbanks, deu-me uma cópia do livro *The Wonderful Name of Jesus* (*O maravilhoso nome de Jesus*), escrito por E. W. Kenyon.
    Este foi meu primeiro contato com os textos do dr. Kenyon. Pelo fato de o Espírito Santo ter me dado uma revelação pessoal acerca do poder e da autoridade do nome de Jesus, no ano anterior, foi com grande expectativa que comecei a ler aquele livro. Eu digo que o li, mas literalmente o devorei. Dia após dia, eu lia, meditava e colocava em prática a autoridade do nome de Jesus. Quase todo minuto em que eu estava acordado era dedicado a Jesus, e a maravilha de seu nome.
    Depois que terminei de ler o livro, escrevi ao dr. Kenyon, no endereço divulgado no final do livro, para perguntar se ele havia escrito outras obras. Por algum tempo, não recebi resposta à minha carta. Tentei então fazer um interurbano para Seattle, Washington, a cidade do endereço. A telefonista me informou que o nome E. W. Kenyon não constava na lista. Concluí que provavelmente esse seria meu único contato com esse homem e seu ministério: o livro *The Wonderul Name of Jesus*.
    Dentro de duas semanas, porém, uma carta da Kenyon Gospel

Publishing Society chegou, com um novo endereço em Fullerton, Califórnia. A carta era da filha do dr. Kenyon, Ruth, informando que seu pai havia sido promovido para o céu, e que ela estava dando continuidade ao seu ministério. Ela então me contou sobre os muitos livros que ele havia escrito. Fiz um pedido para adquirir todos eles.

Continuei a ler, um a um, esses livros tremendos. Desde o início de meu ministério eu fora um ávido leitor da maioria dos principais autores do evangelho pleno. De repente, tomei consciência de que meu ministério estava sendo fortemente influenciado pelos textos do dr. Kenyon. A forma como ele apresentava a Palavra com tamanha revelação do Espírito Santo, a clareza de seu raciocínio, os desafios para agir na Palavra, tudo isso era muito mais revolucionário do que qualquer texto que eu já havia lido.

Em 1956, estive novamente na Califórnia para encontros evangelísticos. Fiz uma viagem a Fullerton, para visitar Ruth Kenyon e sua mãe, a esposa do dr. Kenyon. Nossa comunhão foi tão gostosa! Guardo com carinho a lembrança daquele primeiro encontro pessoal com a família Kenyon. Conversamos por horas a respeito de como dr. Kenyon dedicou-se dia e noite ao estudo da Palavra, como constantemente andava no Espírito e o tesouro da verdade que ele deixou.

Em todos os cantos do mundo por onde passei, encontrei pessoas cujas vidas foram transformadas pelos textos de E. W. Kenyon. Tenho grande alegria por ter tido o privilégio de ter contato com seu ministério. Ao longo dos anos, continuei a desfrutar de rica comunhão com Ruth e outros membros da família.

E você agora, ao ler este livro, poderá conhecer melhor o ministério de E. W. Kenyon.

Alternando com os capítulos de autoria do dr. Kenyon, este livro contém mensagens minhas que foram usadas pelo Senhor para edificar a fé.

46

MEU PAI, DR. E. W. KENYON

Por sua filha, Ruth

Papai nasceu em Saratoga County, New York. Era o quarto de uma família de dez filhos. Era adolescente quando a família mudou-se para Amsterdam, New York, no Vale Mohawk. Cresceu em Amsterdam, estudou na Escola Superior de Amsterdam e aos 19 anos pregou seu primeiro sermão na igreja metodista da cidade.

Desde os primeiros anos de vida papai tinha uma sede por conhecimento. Tudo que aprendia, queria passar para as outras pessoas. Esse desejo de estudar foi a força motriz de sua vida. Quando garoto, ele sentiu o chamado para o ministério. Aos 15 anos, porém, precisou trabalhar nas tecelagens de tapete como tecelão, mas dedicava cada minuto de seu tempo livre aos estudos.

Lutou para conseguir estudar, frequentou várias escolas em New Hampshire e a Faculdade de Oratória de Emerson, em Boston, Massachusetts. Sempre tinha um alvo fixo... pregar o evangelho, estudar para "procurar apresentar-se a Deus aprovado, como obreiro que não tem do que se envergonhar e que maneja corretamente a palavra da verdade" (2Tm 2.15).

Ele foi pastor de diversas igrejas nos estados de New England; aos trinta anos fundou e presidiu o Instituto Bíblico Betel, em Spencer, Massachusetts. (Essa escola mais tarde foi transferida para Providence, Rhode Island e é conhecida como o Instituto Bíblico de Providence).

Por meio de seu ministério em Betel, centenas de jovens foram preparados e ordenados ao ministério e estão agora pregando a Palavra em todas as partes do mundo.

Por mais de vinte anos ele viajou fazendo trabalhos evangelísticos pelo Leste, e se tornou conhecido por toda a parte. Milhares foram salvos e curados nesses cultos.

Deixou o Leste e foi para a Califórnia, onde também viajou, realizando trabalhos evangelísticos. Foi pastor de uma igreja em Los Angeles por diversos anos e um dos pioneiros nos programas de rádio na costa do Pacífico.

Em 1931 foi para o Noroeste e durante muitos anos seu programa matutino, "Igreja de Kenyon no Ar", foi uma inspiração e uma bênção para milhares de pessoas.

Fundou a "Igreja Batista Nova Aliança" em Seattle e foi seu pastor por muitos anos.

Durante os atarefados anos de seu ministério, encontrou tempo para escrever e publicar catorze livros, centenas de poemas e canções (alguns dos quais nunca foram publicados), cursos por correspondência e folhetos. Por ocasião de sua morte ele havia reunido material para outros doze livros e um já estava pronto para publicação. Deixou centenas de artigos e sermões que nunca foram publicados.

Pouco tempo antes de seu falecimento teve uma premonição de que não ficaria aqui por muito tempo; me chamou e me disse que sentia que eu seria a pessoa que levaria adiante seu trabalho. Ele disse: "Ruth, querida, tenho a sensação que não estarei com vocês por muito tempo. Essa obra deve continuar. Cabe a você, agora. Você tem colaborado todos esses anos e, com a ajuda do Senhor, sei que você é capaz de continuá-la". Prometi a ele que o faria.

A obra que ele começou continuou a abençoar milhares de pessoas, como no passado. Hoje, nosso trabalho alcança os quatro cantos do planeta. Nossa circulação aumentou grandemente. Nunca houve um tempo em que o mundo necessitasse tanto desta mensagem como agora.

47

DON GOSSETT: NA PERSPECTIVA DE SUA FILHA

Por Judy Gossett

Hoje cedo, enquanto assistia à televisão, observei diversos evangelistas famosos: Oral Roberts, Rex Humbard e Robert Schulller. Foi bastante interessante notar a participação e o apoio de seus filhos em seus respectivos ministérios. Parece que uma das principais realizações desses grandes homens foi ter os de sua própria carne e sangue envolvidos com eles, apoiando-os, acreditando neles e sustentando de todo o coração o trabalho para o qual Deus chamou seus pais.

Em nome dos cinco filhos, quero fazer uma homenagem ao nosso pai, Don Gossett.

Uma das lembranças mais marcantes que tenho de minha infância é a de nós sete – papai, mamãe, Michael, Jeanne, Donnie, Marisa e eu – comprimidos em nosso Buick 56 azul, indo de cidade em cidade em nossas viagens evangelísticas. À medida que ficávamos inquietos e cansados de nossas brincadeiras e jogos infantis, no apertado espaço de nosso velho carro, papai anunciava: "Ok, crianças, hora da história bíblica!". Conforme papai recontava emocionantes histórias do Antigo e Novo Testamento, ficávamos como que hipnotizados, fascinados com cada evento e personagem, com a certeza de que, a qualquer momento, Moisés interromperia, numa aparição teatral, segurando as tábuas dos

Dez Mandamentos! Ou que estávamos andando em cima das águas com Pedro, conforme Jesus mandou! Essas eram as histórias fantásticas e vibrantes que nós devorávamos.

Depois da história, vinham as gincanas bíblicas, os desafios, "desembainhar espada" e memorização das Escrituras. Nós, crianças, prefería-mos o tempo gasto na Palavra com nossos pais a qualquer outra atividade de nossas viagens. Muitas vezes o Senhor trouxe à minha lembrança os textos bíblicos e as lições aprendidas naquelas longas horas em nosso carro. Elas foram de inestimável valor para a edificação de nosso testemunho e caráter necessários para a eficácia em Cristo.

Pelo fato de viajarmos tanto, era difícil desenvolvermos relacionamentos a longo prazo com as pessoas que conhecíamos. Como resultado, nossa família ficava cada vez mais unida.

Muitas tardes, na área externa dos quartos de motel em que ficávamos hospedados, praticávamos esportes (animados jogos de baseball e futebol americano) ou disputávamos corrida ou natação. Geralmente, em meio à nossa alegria estava nosso competidor e técnico favorito: papai.

Apesar de todo o profundo amor e carinho em nossa família, parecia que estávamos constantemente assolados pela quase miséria, doenças, medio-cridade e frustração.

Então, em 1961, voltamos para o Canadá e o Senhor fez uma reviravolta no ministério do papai. Deus mostrou a ele que o poder do nome de Jesus ao lado da declaração positiva da Palavra e do louvor alegre são as chaves do sucesso e da vida vitoriosa. Essas verdades revolucionaram nossas vidas! Nunca mais viveríamos no derrotismo dos anos anteriores do ministério.

À medida que crescíamos, papai e mamãe enfrentavam mais problemas conosco na adolescência. Porém, eles nunca se esquivaram de suas responsabilidades diante desses obstáculos, mas sempre lidaram de frente com eles, da seguinte maneira: disciplina, Palavra, nome de Jesus e oração. Michael, Jeanne, Donnie, Marisa e eu não somos perfeitos, mas temos uma herança maravilhosa de nossos pais perseverantes, confiantes em Jesus. E agora, com os filhos da Jeanne, Jennifer e Alexander, outra geração está recebendo essas mesmas verdades que nos foram ensinadas anos atrás.

Foram anos emocionantes para o ministério de papai! O Senhor abriu as portas para a transmissão do programa de rádio "Bold Living" (*Vivendo em ousadia*) em 89 países. Deus aumentou a visibilidade de papai como autor e lhe deu mais de 80 livros para publicar. Abrimos escritórios no Canadá e nos Estados Unidos para atender às necessidades de parceiros que Deus levantou para sustentar as diversas áreas de atuação do ministério. Papai via-jou para o exterior mais de 40 vezes para divulgar as boas-novas do amor de Jesus aos que nunca haviam ouvido falar.

Talvez você já tenha ouvido falar de Don Gossett como evangelista, locutor, administrador, escritor e missionário.

Por meio deste breve vislumbre pessoal, espero que você o conheça um pouco mais como um homem de Deus apaixonado, um pai amoroso, um avô orgulhoso e meu grande amigo.

Você se sentiu abençoado ao ler este livro?

A boa notícia é que temos muitas outras obras excelentes esperando por você.

A Editora Atos tem o privilégio de contar com alguns dos melhores autores do momento, incluindo vários best-sellers em nosso catálogo!

Visite agora nossa loja oficial e prepare-se para ser ainda mais abençoado.

www.osdiscipulos.com.br

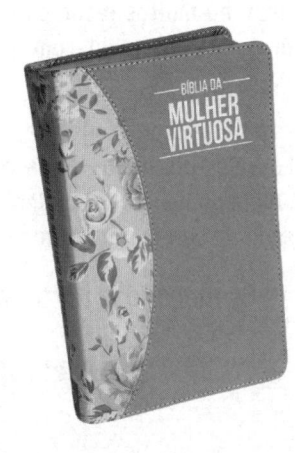

A leitura desta profunda obra foi uma experiência
rica e impactante em sua vida espiritual?

O fundador da Editora Atos, que publicou este exemplar que você tem nas mãos, o Pastor Gary Haynes, também fundou um ministério chamado *Movimento dos Discípulos*. Esse ministério existe com a visão de chamar a igreja de volta aos princípios do Novo Testamento. Cremos que podemos viver em nossos dias o mesmo mover do Espírito Santo que está mencioado no livro de Atos.

Para isso acontecer, precisamos de um retorno à autoridade da Palavra como única autoridade espiritual em nossas vidas. Temos que abraçar de novo o mantra *Sola Escriptura*, onde tradições eclesiásticas e doutrinas dos homens não têm lugar em nosso meio.

Há pessoas em todo lugar com fome de voltarmos a conhecer a autenticidade da Palavra, sermos verdadeiros discípulos de Jesus, legítimos templos do Espírito Santo, e a vermos o amor ágape, como uma família genuína. E essas pessoas estão sendo impactadas pelo *Movimento dos Discípulos*.

Se esses assuntos tocam seu coração, convidamos você a conhecer o portal que fizemos com um tesouro de recursos espirituais marcantes.

Nesse portal há muitos recursos para ajudá-lo a crescer como um discípulo de Jesus, como a TV Discípulo, com muitos vídeos sobre tópicos importantes para a sua vida.

Além disso, há artigos, blogs, área de notícias, uma central de cursos e de ensino, e a Loja dos Discípulos, onde você poderá adquirir outros livros de grandes autores. Além do mais, você poderá engajar com muitas outras pessoas, que têm fome e sede de verem um grande mover de Deus em nossos dias.

Conheça já o portal do Movimento dos Discípulos!

www.osdiscipulos.org.br